AF589908

PÉTITION

ADRESSÉE

A MONSIEUR LE PRÉSIDENT DE LA CHAMBRE

ET

A MESSIEURS LES DÉPUTÉS

PARIS

IMPRIMERIE BALITOUT, QUESTROY ET Cie

7, RUE BAILLIF, ET RUE DE VALOIS, 18

1880

PÉTITION

ADRESSÉE

A MONSIEUR LE PRÉSIDENT DE LA CHAMBRE

ET

A MESSIEURS LES DÉPUTÉS

Monsieur le Président,

Messieurs les Députés,

La soussignée, Joséphine-Jeanne Bérer, de Lyon, a l'honneur d'adresser à Messieurs les Députés une pétition pour exposer des faits coupables commis à son préjudice, dont il lui a été, malgré plainte portée à l'autorité compétente, impossible d'obtenir justice, ce qui a laissé le délinquant désigné dans la latitude d'entreprendre de nouveaux actes coupables, pour dérober ses premiers à l'attention publique et à la rigueur des lois contre les malfaiteurs, fait d'où découle toute l'affaire.

La soussignée, en mars 1871, prêta à un notaire de Lyon, P.-E. Duchamp, une somme de 30,000 fr. Ce fonctionnaire s'engagea à rendre cette somme en trois années, par échéances fractionnées de 10,000 en 10,000 fr. Un titre de créance sous seing privé fut libellé en cette forme par le notaire. Le voici, relevé d'après l'original :

B. P. F. 50000

Je payerai à Mad. Jeanne Beren ou

échéances ci après fixées la somme de Cinquante

mille francs, valeur reçue comptant, savoir

le quinze février	1872	10000
le quinze juillet	"	10000
le quinze janvier	1873	10000
le quinze janvier	1874	10000
le quinze juillet	"	10000
		50000

Lyon le 18 mars 1871

E. Duchamp fils

En 1872, P.-E. Duchamp remboursa en trois fois la première échéance de sa dette, dont il lui fut donné reçu à valoir sur le montant. A l'échéance suivante, Duchamp demanda et obtint des délais, et donna pour motif le mariage récent d'une de ses filles et la forte dot qu'il avait fallu donner; de plus, ledit, qui dans l'intervalle avait vendu sa charge de notaire, allégua encore que son successeur, Me Pion, ne lui remboursait pas exactement les échéances du prix de sa charge. Plus tard, pour se libérer, sans restituer, P.-E. Duchamp, par divers moyens, effraya sa créancière, dont l'un était, si elle osait réclamer ce qu'elle lui avait prêté, de la traîner aux assises. Le mobile de P.-E. Duchamp était de garder le surplus de la somme entre ses mains appartenant à la soussignée.

Ladite est sans famille légale; une pièce dite *casier judiciaire*, joint à cette pétition, indique cette fâcheuse condition.

P.-E. Duchamp connaissait cette irrégularité sociale et s'en fit une arme pour ses projets de spoliation. De plus, la soussignée a un fils naturel; ce fils, à l'époque sur les bancs de classes, a été reconnu par son père, qui habitait Lyon, avait une fortune indépendante et faisait, de concert avec la soussignée, élever cet enfant au lycée de Lyon, où il a fait ses études. P.-E Duchamp, au courant de cette affaire, fit également redouter à la soussignée le scandale qui chasserait, disait-il, le père de son fils de chez elle, et plus tard son fils, de Lyon. Ce qui est. C'est de l'exagération, pensera le législateur au dix-neuvième siècle, pareille tentative ne peut aboutir. Tout ce qu'on peut dire, c'est, veuillez, s'il vous plaît, lire cette pétition pour vous convaincre.

La soussignée ayant répondu à ces menaces qu'elle réclamerait son argent, se fiant aux lois et aux tribunaux s'il fallait en venir jusque-là pour avoir justice.

P.-E. Duchamp se flatta de ses alliances avec la magistrature, et dit que, quoi qu'il arrive, il serait soutenu. La première mise en œuvre de ces menaces fut une lettre adressée, dans le courant de 1873, par P. Duchamp au ministre de la justice, dans laquelle il dénonce un de ses collègues, Me Curty. Dans ladite lettre, P.-E. Duchamp se posait en défenseur de l'honneur du notariat. Cette lettre était signée du nom de Leblanc, du ministère de la justice la lettre fut envoyée au parquet de Lyon. Le procureur de la République fit appeler le notaire diffamé, qui en fit connaître l'auteur, P.-E. Duchamp. Le procureur de la République calma le notaire et lui dit d'en rester là. Me Curty prit des témoins, se rendit chez P.-E. Duchamp, rue du Plat, 12, et le somma de déclarer, devant témoins, les infamies contenues dans sa lettre.

Duchamp s'excusa, et, finalement, étude de Me Chase, écrivit une lettre de demande de pardon à Me Curty, qui le laissa partir.

La soussignée ne connut cette affaire que plus tard, sans cela elle eût de suite compris où tendait Duchamp. La soussignée, impressionnée des menaces de Duchamp, qui, en outre, lui avait dit que les bâtards ne pouvaient posséder légalement aucuns biens, s'en était informée, et sur la réponse que c'était une grave erreur ; qu'il était vrai qu'il existait des lois d'exception contre eux quant à la filiation, mais aucune au sujet du droit de possession individuelle.

La soussignée n'était donc retenue que par la crainte du scandale que Duchamp lui avait dit vouloir exploiter à ses dépens, lequel vint un jour encore la terrifier. Ce qui fut dit à la soussignée ne peut se répéter que dans un cabinet de juge d'instruction ou à un procureur de la République.

La soussignée se contenta de hausser les épaules et de lui montrer la porte.

Mais, comme il a été dit, elle ne savait à quel parti s'arrêter.

Dois-je dénoncer cet homme? il y a assez longtemps qu'il me menace; j'ai le droit de me faire protéger, malgré ma situation de femme indépendante? Mais quel sera le résultat. Si je dis que cet homme, qui a les dehors de l'homme du monde, est plus vil que le dernier des hommes qui descend au dernier des métiers; si je dis que ce père de famille qui usurpe l'estime des honnêtes gens est pire que le voleur qui s'empare à ses risques et périls du bien d'autrui; si je dis que cet homme, professant les dehors de principes religieux, affilié à la Société de Saint-Vincent-de-Paul, ne se couvre de ce masque que pour cacher ses convoitises et l'ignoble de sa conduite; si je dis tout cela, moi femme isolée, sans parents, sans amis peut-être, qui sait ce qui m'arrivera? Mon fils, son avenir? Cet homme a l'air convaincu de traiter les juges en maître. C'est dans ces alternatives de courage, de crainte d'agir, que la soussignée reçut, le 6 août 1874, la sommation suivante :

SOMMATION

(6 août 1874. — 3390.)

L'an mil huit cent soixante-quatorze et le six août, à la requête de M. P.-E. Duchamp, ancien notaire à Lyon, actuellement propriétaire à Lyon, rue du Plat, lequel fait élection de domicile en l'étude de Me Flory, avoué à Lyon, place des Jacobins, 9,

Je, Pierre Balmont, huissier reçu au tribunal civil de Lyon, y demeurant, rue de Lyon, 28,

Soussigné, ai signifié à Mlle Bérer, sans profession, demeurant à

Lyon, rue de la Préfecture, n° 2, en parlant dans son domicile, dont j'ai trouvé la porte fermée, après avoir frappé et appelé sans que personne ne m'ait répondu et m'être adressé auprès des voisins, qui ont refusé de recevoir cette copie et signer à l'original, je me suis alors transporté à la mairie du deuxième arrondissement, où, étant et parlant à M. le Maire, il a reçu cette copie, destinée à Mlle Bérer, et visé à l'original :

Que la susnommée se prétend créancière du requérant pour prêt d'argent ;

Que ce dernier n'a jamais rien emprunté à Mlle Bérer et ne lui doit absolument rien ;

Que non-seulement la susnommée persiste dans sa prétention mal fondée, mais que déjà, à une époque antérieure, M. C., notaire, son conseil, et alors son locataire, s'est présenté au domicile du requérant et que, bien que sa visite n'eut en apparence qu'un rapport indirect avec Mlle Bérer, cependant le requérant a dû conclure à des paroles et des menaces du sieur C. que sa démarche n'était au fond qu'un appui donné aux prétentions de la susnommée par C., son notaire, en qui elle avait une confiance si absolue qu'elle n'entreprenait rien sans son secours, pas même la location de sa maison de campagne ;

Que cette situation ne saurait être tolérée plus longtemps et qu'il lui importe d'en sortir ;

C'est pourquoi j'ai, à même requête que dessus, fait sommation à Mlle Bérer d'avoir, dans le délai de huit jours, à déclarer que M. Duchamp ne lui doit rien et qu'elle n'a rien à lui réclamer.

Lui déclarant que le requérant considérera son silence comme un aveu qu'il ne lui est rien dû.

Dont acte sous les plus amples réserves.

Et, afin que la susnommée ne l'ignore, je lui ai, parlant comme dessus, remis et laissé copie du présent exploit.

Coût, six francs vingt-cinq centimes ; timbre spécial d'une demi-feuille, soixante centimes.

BALMONT. — FLORY.

Le débiteur craignait le notaire qu'il difamait. Ce notaire en effet a eu également des capitaux à la soussignée, mais les a rendus sur sa demande.

Pierre-Eugène Duchamp, dans cet acte, met en avant ce qu'il a provoqué en écrivant une lettre de diffamation, contre un collègue, au ministre de la justice. Seulement, il insinue que ce notaire est allé chez lui le menacer pour appuyer les prétentions de la soussignée à se dire sa créancière, tandis que le notaire diffamé n'a eu d'explication avec Pierre-Eugène Duchamp, ancien notaire, qu'après avoir été appelé au parquet et avoir appris du procureur de la République les diffamations écrites contre lui au ministre de la justice, et dont il lui fut facile de démontrer l'auteur.

Pierre-Eugène Duchamp, pour adresser à la soussignée cette sommation, choisit le moment des vacances scolaires, époque où la soussignée partait avec son fils à la campagne, la soussignée ayant retardé son départ pût recevoir une lettre de la mairie l'avertissant qu'une pièce d huissier avait été déposée pour elle en ses bureaux.

En présence de cet acte, la soussignée se rendit chez un avoué et demanda ce qu'elle devait faire. Elle fut engagée à introduire une demande de poursuites devant le tribunal civil; c'était au parquet, le dol se dévoilant, qu'il devait être dit à la soussignée de s'adresser.

Mais pour le résultat qu'elle a eu lorsqu'elle s'y est adressée, poussée à bout par Pierre-Eugène Duchamp, on serait tenté de supposer que l'avoué savait d'avance que la soussignée était en voie d'être complétement spoliée.

Voici la requête adressée et l'ordonnance de poursuite rendue :

A MONSIEUR LE PRÉSIDENT DU TRIBUNAL CIVIL DE LYON

CHEVALIER DE L'ORDRE NATIONAL DE LA LÉGION D'HONNEUR

(12 août 1874. — Requête.)

MONSIEUR,

Mademoiselle Jeanne-Joséphine Bérer, rentière, domiciliée à Lyon, rue de la Préfecture, 2, laquelle constitue Mᵉ Oulmann pour son avoué, a l'honneur de vous exposer par son ministère que M. Duchamp, ancien notaire à Lyon, domicilié rue du Plat, est débiteur envers elle d'une somme de *quarante mille francs* pour solde de plus forte somme d'argent prêté le quinze mars mil huit cent septante-un;

Que, malgré toutes les démarches faites par elle, la requérante n'a pu obtenir le paiement de cette somme;

Qu'au contraire, M. Duchamp, par acte signifié le 6 août 1874, demande sa libération à la requérante;

En conséquence, toute conciliation étant impossible, la requérante supplie qu'il vous plaise l'autoriser à assigner à bref délai, et sans préliminaire de conciliation, M. Duchamp par devant votre tribunal,

Aux fins :

De s'entendre condamner à payer, avec les intérêts de droit, la somme de *quarante mille francs*, montant des causes dont s'agit, ainsi que les frais de l'instance, etc.

Et fera justice.

Lyon, le 12 août 1874.

OULMANN.

Nous, président du Tribunal civil de Lyon, chevalier de l'ordre national de la Légion d'honneur,

Vu la présente requête, les pièces à l'appui et les dispositions de la loi;

Autorisons la demoiselle Bérer à faire assigner M. Duchamp aux fins requises au délai de trois jours francs, commettant l'huissier Durand.

Fait à Lyon, au Palais de Justice de Lyon, le 13 août 1874.

Le Président,

DE LAGREVOL.

Enregistré à Lyon, actes judiciaires, le dix-sept août 1874, f° 69, r°, c° 5. Reçu 5 fr. 63 c.

Le Receveur par intérim,

BRUN.

ASSIGNATION

L'an mil huit cent soixante-quatorze et le dix-huit août, à la requête de demoiselle Jeanne-Joséphine Bérer, sans profession et domiciliée à Lyon, 2, rue de la Préfecture, laquelle a fait élection de domicile et élection d'avoué en l'étude et la personne de Me Oulmann, avoué près le tribunal civil de Lyon, y demeurant, 91, rue de l'Hôtel-de-Ville,

Je, Pierre-Marie Durand, huissier audiencier au tribunal civil de Lyon, demeurant, 11, rue Saint-Côme, soussigné, ai signifié........ ces présentes :

A M. Duchamp, ancien notaire, demeurant à Lyon, rue du Plat, et parlant dans son domicile à une fille, domestique à son service;

D'une ordonnance rendue sur requête, par M. le président du tribunal civil de Lyon, le treize août mil huit cent soixante-quatorze, enregistrée, ainsi que la requête qui la précède,

Et je l'ai assigné à comparaître, dans le délai de trois jours francs, par devant le tribunal civil de Lyon, y séant, au Palais de Justice, place de Roanne, tous les jours non fériés de chaque semaine, à onze heures du matin.

Aux fins :

Attendu les motifs énoncés en la requête qui précède, laquelle servira au besoin de pièces complet libellé aux présentes;

De s'entendre condamner ledit M. Duchamp à payer à la requérante, avec intérêts de droit et dépens, la somme de *quarante mille francs,*

Existant des causes énoncées dans la requête dont s'agit,

Sans recours.

Et afin que le susnommé ne l'ignore, je lui ai, parlant comme dessus, remis et laissé copie tant des requêtes et ordonnances ci-dessus que du présent, dont le coût est de six francs vingt-cinq centimes; timbre spécial demi-feuille, soixante centimes.

Signé : DURAND.

Enregistré à Lyon, le 20 août 1874, f° 161, r°, c°. Reçu 3 fr. 75 c.

Par intérim : BRUN.

L'ordonnance de poursuite rendue, l'assignation qui précède lancée, l'affaire, mise au rôle, 1re Chambre suivit son cours devant le tribunal.

Le 20 novembre suivant, le débiteur recommençait ses actes coupables, d'une portée criminelle au dernier chef.

Il faisait signifier, sous formes de conclusions en réponse à la demande de remboursement, de la soussignée, un acte dénonçant un crime commis contre lui par ladite, alors qu'il était établi avec sa famille à Hyères, en 1871.

Voici cet acte :

CONCLUSIONS

(20 novembre 1874. — Copie de conclusions.)

Pour

M. Duchamp, propriétaire à Jujurieux (Ain), défendeur : M° Flory;

Contre

Mlle Bérer, demeurant à Lyon, rue de la Préfecture, demanderesse : M° Pidard.

Elles tendent à ce qu'il plaise au tribunal :

Attendu que la fille Bérer réclame au concluant une somme de quarante mille francs qu'elle prétend lui être due pour prêt d'argent fait en 1871;

Attendu, d'une part, que non-seulement Duchamp n'était pas dans le cas d'emprunter, puisqu'à la même époque, ainsi qu'il en justifie, il recevait le remboursement de capitaux très-importants, et que, n'ayant pas l'emploi de ces fonds, il les plaçait en rentes sur l'Etat;

Attendu, d'autre part, que la fille Bérer n'était pas dans le cas de prêter semblable somme, et qu'il lui serait impossible de justifier où elle l'a prise; qu'en effet, à l'époque dont s'agit, elle était plongée dans la plus affreuse misère et qu'elle n'exerçait aucune profession, et qu'elle n'a recueilli aucune succession: et quelle qu'ait été pour elle une vie d'aventures, cependant elle n'aurait pu prêter semblable somme, ni, le concluant en eût-il eu besoin, ce qui n'est pas, n'aurait pas eu la pensée de puiser à pareille source;

Attendu, cependant, qu'il existe un engagement, mais que cet engagement est complètement nul, soit pour vices dans le consentement, soit pour absence de causes dans l'obligation;

Attendu que le défendeur, ayant rencontré, il y a environ dix ans, la fille Bérer dans la plus grande détresse, lui vint en aide; mais que celle-ci, voyant l'intérêt qu'elle avait su inspirer à Duchamp, conçut le projet d'en tirer parti et de s'en faire un moyen de fortune: au surplus, que cela sera établi par les lettres qui seront produites aux débats;

Attendu qu'étant allé, en 1871, s'établir à Hyères avec sa famille, pour la santé d'un des siens, la fille s'y rendit et s'installa dans un hôtel voisin;

Que c'est dans ces circonstances et sous la pression des exigences de la fille Bérer que Duchamp contracta l'engagement qui fait le sujet du procès, engagement conçu dans les termes qui excluent toute idée d'un prêt, et puisqu'il n'y est pas question ni d'intérêts, ni d'échéance pour l'intégralité de la somme;

Qu'aussi le concluant se refuse constamment à l'exécution de violences inqualifiables: qu'il paye, en 1872, une certaine somme, espérant ainsi satisfaire la cupidité de la demanderesse;

Attendu qu'il résulte des faits ci-dessus de la situation respective des fortunes des parties, et de cette circonstance que ce n'est pas la première fois que la fille Bérer a eu recours à de semblables moyens pour se procurer de l'argent, la preuve évidente qu'il n'y a pas eu d'argent prêté, que le consentement a été vicié, que l'obligation est sans cause.

Par ces motifs,

Déclarer la demanderesse non-recevable, en tous cas mal fondée en sa demande, l'en débouter et la condamner à tous les dépens, dans lesquels entreront les amendes qui pourraient être encourues.

Sous toutes réserves:

Soient les présentes conclusions notifiées de la part de Me Flory, avoué, à Me Pidard, avoué.

Signifié et donné cette copie de la part de Me Flory à Me Pidard, avoué à Lyon, en parlant dans son étude à son clerc.

Par moi, huissier audiencier soussigné, à Lyon, le 20 novembre.

FONBONNE.

CONCLUSIONS EN RÉPONSE A CELLES DU 20 NOVEMBRE

(27 novembre 1874.)

Pour Mlle Bérer, demanderesse, comparant par Me Pidard, successeur de Me Oullman;
Contre M. Duchamp, ancien notaire, défendeur, comparant par Me Flory.

Elles tendent à ce qu'il plaise au tribunal,

Attendu que la demoiselle Bérer est créancière de M. Duchamp d'une somme de cinquante mille francs payable : dix mille francs le quinze janvier mil huit cent septante-deux; dix mille francs le quinze juillet même année; dix mille le quinze janvier mil huit cent septante-trois; dix mille le quinze janvier mil huit cent septante-quatre et dix mille francs le quinze juillet même année, suivant reconnaissance verbale du quinze mars mil huit cent septante-un;

Attendu que, sur cette somme, le sieur Duchamp n'a encore compté à la demoiselle Bérer qu'une somme de dix mille francs; qu'ainsi la demoiselle Bérer n'est aujourd'hui créancière que de la somme de quarante mille francs, exigible depuis le quinze juillet mil huit cent septante-quatre;

Attendu que pour se soustraire à ce paiement, le sieur Duchamp a imaginé plusieurs moyens, notamment en signifiant un acte, à la date du six août mil huit cent soixante-quatorze, dans lequel, profitant de son absence, il fait sommation à Mlle Bérer d'avoir à déclarer qu'il ne doit rien;

Attendu qu'ensuite de cette sommation, Mlle Bérer s'est immédiatement pourvue devant le tribunal pour obtenir le paiement de cette somme, fondée sur titres;

Attendu que le droit de la requérante est suffisamment prouvé, soit par son titre, soit par le paiement de dix mille francs que Duchamp a fait valoir;

Attendu qu'en réponse de cette juste demande, le sieur Duchamp, qui n'a pas d'autre envie que de se soustraire au paiement d'une dette légitime, n'a pas craint, dans les conclusions qu'il a fait signifier au procès, de se livrer envers Mlle Bérer aux injures les plus grossières et les propos les plus diffamatoires;

Attendu que la demoiselle Bérer proteste énergiquement contre ces accusations mensongères et se réserve formellement le droit de traduire correctionnellement le calomniateur qui a osé lancer de pareils écrits;

Attendu qu'un seul mot suffit pour prouver que les articulations sans preuve qu'oppose M. Duchamp ne peuvent être prises en considération par le tribunal; si toutefois elles pouvaient fonder un droit à sa défense, c'est que Mlle Bérer a toujours été, bien avant mil huit cent septante-un et depuis lors, dans une situation de fortune très-belle;

Attendu qu'il y a titres, que c'est donc le cas, l'exécution provisoire;

Par ces motifs,

Dire et prononcer que le sieur Duchamp est condamné, pour y être contraint par toutes les voies de droit, à payer à la concluante la somme de quarante mille francs, les intérêts et les dépens distraits à Me Pidard, avoué, qui en a fait l'avance sous réserve de traduire M. Duchamp en police correctionnelle.

Signé : Pidard.

Les présentes conclusions soient notifiées de la part de Me Pidard à Me Flory, à ce qu'il n'en ignore; dont acte.

Notifié et donné copie de la part de Me Pidard à Me Flory, avoué à Lyon, en son étude à son clerc, par moi, huissier audiencier soussigné, à Lyon, le vingt-sept novembre 1874.

Timbre spécial de copie, 1/2 feuille

Pidard.

Voilà où en était arrivé P.-E. Duchamp, essayer d'enlever à une femme son bien et la jeter aux assises.

Car, tel était, comme cela sera expliqué par les faits, le but de ces diffamations, de ce débordement d'injures, de ces mensonges, de cette audace d'un ancien fonctionnaire public, officier ministériel, qui sait que la femme qu'il déshonore aux yeux de tous est sans famille, et ne peut avoir, en effet, recueilli de succession.

Cet ex-notaire fait de la naissance d'une femme la pierre d'achoppement où il échafaude ses crimes.

Voici les faits touchant le prêt fait par la soussignée à P.-E. Duchamps, en 1871.

La soussignée fit part, en 1871, à P.-E. Duchamp qu'elle était dans l'intention d'acheter un immeuble ville et campagne, ou très-peu éloigné de Lyon, à cause de son fils, élève au Lycée, comme il a été dit.

Duchamp s'offrit pour faire trouver, disait-il, un immeuble dans de bonne conditions, indiqua même à la soussignée un ancien homme d'affaires, ex-notaire, qui s'occupait de vente d'immeubles, mais ajouta : Ne lui donnez pas votre adresse, il vous importunerait d'offres ; je ferai le nécessaire lorsqu'un immeuble fera votre affaire.

Les choses en étaient là, lorsqu'un jour P.-E. Duchamp vint annoncer à la soussignée qu'il partait à Hyères avec sa famille. Vous devriez venir, dit Duchamp. La soussignée répondit : L'hiver est avancé et je n'ai aucune raison de partir, ma santé n'est pas mauvaise cette année. Comme P.-E. Duchamp insistait, la soussignée ajouta : Si je le peux, j'irai. Vous savez combien j'aime le beau soleil du midi.

P.-E. Duchamp, de Hyères, écrivit lettres sur lettres pour attirer la soussignée près de lui.

La soussignée avait à s'occuper de ses affaires, ne partait pas. Recevant, dans les premiers jours de février, une dernière lettre lamentable, la soussignée se dit : Il y a quelque chose de grave, on se doit à ses amis, je partirai.

Souvent, Duchamp avait parlé à la soussignée de son triste intérieur, de sa vie, disait-il, incolore, de ses ennuis privés, que l'amitié console.

Duchamp s'était offert à aller chercher la soussignée à Marseille, ce qu'il fit.

Voici la dernière lettre adressée à la soussignée par Duchamp, pour l'attirer dans le traquenard de Hyères, lettre d'un désespéré implorant le secours, l'appui de l'amitié.

Pour écrire une semblable lettre, il fallait ssvoir sans méfiance, la femme à qui elle était adressée, et penser réussir, comptant sur la bonté de son cœur.

10 février 1871.

MA CHÈRE AMIE,

Je vous supplie, au nom de notre vieille amitié, de me donner une réponse positive.

Voulez-vous venir ici ?

Je ne vois aucun danger jusqu'à la solution de la question de la paix et de la guerre. Nous aurions donc bien le temps de rester ensemble ; et, si vous vouliez amener votre fils, vous pourriez alors faire ici une véritable saison d'hiver, comme vous les faisiez à Nice. Faites pour moi aujourd'hui ce que vous faisiez autrefois pour vous ; ne prenez conseil que de votre cœur, je suis sûr alors de sa détermination. Si vous m'écriviez que vous ne pouvez faire ce voyage, alors ce sera moi qui irai, car, je vous l'avoue, il m'est impossible de rester plus longtemps sans vous voir ; ni je ne dors, ni je ne mange, mon agitation est extrême. Mais que sera ce voyage ? Une course. Comme il sera différent de ce séjour que nous devions faire ensemble et que vous m'aviez promis. Allons, j'espère encore que, demain ou après-demain, une lettre m'annoncera votre arrivée.

La semaine prochaine, ou ici, ou là-bas, nous serons réunis ; j'ai besoin de songer à ce moment pour ne pas tomber dans le désespoir. Ne confiez votre projet à personne, soyez maîtresse absolue de vos volontés, etc., etc.

Your Faithfull,

DUCHAMP.

Il reste quelques lignes *omises avec intention*. Jamais homme plus audacieux et plus certain d'enterrer ses méfaits.

Voilà l'homme des conclusions fécondes de 1874 implorant, en 1871, la soussignée au nom de l'amitié. Arrivée à Marseille, la soussignée trouva P.-E. Duchamp à la gare ; il la conduisit hôtel du Louvre et de la Paix.

Duchamp s'informa auprès de la soussignée de ses affaires, si elle s'était arrêtée à une acquisition. Sur sa réponse négative, Duchamp ajouta : J'ai divers immeubles en vue. Aussitôt rentré à Lyon, je me mettrai à votre disposition.

De son côté, la soussignée demanda ce qu'avait Duchamp.

— Oh ! des ennuis d'affaires.

— Mais encore ? Puisque je suis votre amie, vous me devez vos ennuis. J'avais besoin de votre amitié près de moi. Ensuite, j'ai quelques embarras financiers momentanés. Il n'y a qu'aux millionnaires que ces choses arrivent. J'ai acheté des terrains à Marseille que je vous ferai voir, de M. Blanc.A propos, ce pauvre Blanc est complétement ruiné. Il vend sa propriété de Belle-de-Mai à M. Bonnardel.

Duchamp avait parlé à la soussignée de ce client, dont la ruine était prochaine.

— Pour vendre mes terrains, reprit Duchamp, je suis obligé d'attendre. Il est question de bâtir une gare à proximité des dits, ce qui leur donnera une plus-value considérable. Seulement, j'ai immobilisé là des capitaux qui, pour le moment, ne me rapportent rien : d'autre part, à Lyon, cours Vitton, des immeubles en construction, de l'argent engagé dans l'exploitation d'une mine houillère, dans l'exploitation d'une forêt.

— Que vous êtes à plaindre, dit la soussignée. Et votre commandite de 500,000 fr. dans la maison Bonnet, qui vous rapporte bon an mal an de grosses sommes, vu l'importance de la maison et les dividendes d'intérêts sur les bénéfices.

— C'est vrai, mais dans toute chose il y a un mais. Ma femme thésaurise et capitalise une partie des revenus de la communauté. Je la laisse faire, n'est-ce pas toujours pour la famille ? En un mot, vous voyez en moi un millionnaire qui cherche à emprunter. Oh! il me sera plus facile de trouver qu'à un pauvre homme.

Duchamp et la soussignée partirent à Hyères.

Arrivée, la soussignée descendit hôtel du Luxembourg. Le maître de l'hôtel était à cette époque maire du pays. Duchamp fut très-empressé chaque jour : il venait voir la soussignée, qui lui dit un jour, en riant : Si je n'étais presque une vieille femme, savez-vous que vous me comprometttriez en venant si souvent ici ?

— Un médecin, un notaire, un prêtre ont droit d'entrer à toute heure dans la chambre d'une femme, dit l'empressé notaire. Ce ne sont pas ces considérations qui me guident, vous êtes mon ami, reprit la soussignée ; je suis indépendante ; je vous reçois ici comme à Lyon et n'en pense pas plus long (malheureusement !).

A Hyères, P.-E. Duchamp fit la proposition suivante à la soussignée :

— Si vous voulez, nous ferons une affaire. Vous voulez acheter un immeuble : prêtez-moi tout ou partie de la somme que vous voulez y mettre ; je vous souscrirai un titre de créance avec échéances, remboursable comme il vous conviendra, et vous donne le dix pour cent : dans les temps où nous sommes, en tout cas, où vous ne vous décidériez pas à votre acquisition, ce capital sera au moins aussi en sûreté dans mes mains que chez vos banquiers.

La soussignée dit : Je ne fais pas de l'usure, même avec mes amis ; si je vous prête ce sera au taux légal.

— C'est entendu, dit le notaire ; seulement, vous me permettrez de vous constituer un intérêt sur le prix de vente de mes terrains, puisque c'est à cause d'eux que vous me prêtez.

Voilà le fameux guet-apens d'Hyères, voilà le malheureux qui s'est dit victime d'une criminelle aventurière.

Voilà ce qu'il fallait que touche du doigt le législateur pour, dans la suite de cette pétition, peser tout ce qui a été entrepris pour réduire au silence une personne réclamant son bien et dénoncant un malfaiteur aux tribunaux.

Voilà ce qu'aurait dû savoir le parquet, quand la soussignée le mit au courant de ce qui lui arrivait.

Mais il ne demanda point d'éclaircissement.

Lorsque la soussignée voulut rentrer à Lyon, P. E. Duchamp lui dit : J'ai décidé ma famille à partir, nous voyagerons tous ensemble et vous connaîtrez les miens.

En effet, la soussignée dîna en compagnie de la famille Duchamp, à Avignon, où tous séjourner un jour ou deux.

De retour à Lyon, Duchamp, sans désamparer, allait, disait-il, s'occuper des affaires de la soussignée, et la première chose qu'il fit fut d'aller chez la soussignée prendre son argent.

A Hyères, P.-E. Duchamp avait parlé à la soussignée de divers immeubles rentré à Lyon, Duchamp accompagna la soussignée en visiter plusieurs; un, entre autres, situé à Saint-Genis-Laval, propriété Compte-Calixte.

Ce fut pour ce dernier qu'après une dernière visite, la soussignée dit à Duchamp qu'elle verrait le notaire chargé de la vente.

— Je le verrai avant pour que vous ayez de meilleures conditions.

P.-E. Duchamp ouvrit lui-même les négociations avec son collègue, M. Métifflot de Bélair, notaire, à Lyon. Le résultat fut que Mᵉ Métifflot, après avoir demandé 85,000 francs de sa propriété, la laissait à 80,000 francs.

P.-E. Duchamp écrivit un acte d'offre en ce sens, le fit signer à la soussignée et le porta au notaire vendeur.

Puis il revint lui dire que Mᵉ Métifflot demandait 30,000 francs comptant. La soussignée souscrivit à remettre cette somme et ajouta : « Je la donnerai en signant. Ne faut-il pas de toute nécessité que je vois maintenant votre collègue. » P.-E. Duchamp n'insista pas. Le lendemain ou le surlendemain, il revenait dire à la soussignée que Mᵉ Métifflot avait dû, de toute nécessité, télégraphier à son client, alors à Constantinople, qu'il traitait définitivement à quatre-vingt mille pour sa propriété, et qu'il en avait reçu une réponse, de ne pas vendre au-dessous de quatre-vingt-cinq mille. « Si vous voulez aller jusqu'à ce chiffre, » ajouta Duchamp.

La soussignée dit : « Quatre-vingt mille francs est davantage que je ne voulais immobiliser, n'en parlons plus. » Duchamp rendit l'acte d'offre.

Le voici :

ACTE D'OFFRE ÉCRIT DE LA MAIN DE M. DUCHAMP

ET QUI FUT RENDU APRÈS NON RÉSULTAT.

Je prie Mᵉ Métifflot de transmettre à M. Compte-Calixte l'offre de quatre-vingt mille francs que je lui fais pour sa campagne de Saint-Genis-Laval.

Lyon, 9 mai 1871.

J. Bérer.

La soussignée, au début de son procès, remit à un avocat de Lyon, Mᵉ Dulac, le soin de faire valoir ses droits en justice.

Au reçu de l'acte diffamatoire du 20 novembre 1874, la soussignée dit à Me Dulac qu'elle allait porter une plainte en abus de confiance, contre P.-E. Duchamp, au Procureur de la République. Me Dulac dissuada la soussignée d'user de ce moyen, lui affirmant qu'au civil, aussi bien qu'au criminel, l'ex-notaire frauduleux et diffamateur trouverait en ses mains, punitions.

Un défenseur a une certaine influence sur ses clients : la soussignée, malgré ses souffrances morales, se rendit au désir de son avocat.

Quel avait été le mobile de P.-E. Duchamp en signifiant les actes des 6 août et 20 novembre? Le même. Que la soussignée livrerait son titre à l'examen de Me Flory, pour lui faire constater de visu à quelles manœuvres il prêtait son ministère.

Dans l'un, Duchamp affirme que la soussignée n'est pas sa créancière, etc. ; dans l'autre, outre les diffamations, il insinue que le titre extorqué n'a pas de date pour l'intégralité du paiement.

En signifiant ces mensonges, faciles à démontrer, Duchamp visait une substitution à faire délicatement opérer.

Me Flory, avoué, qui a signifié tout les actes frauduleux de Duchamp, et était son avoué au temps où il était notaire, a, de même, été l'avoué de la soussignée de 1866 à 1870. Il connaissait la situation de sa cliente, savait qu'elle était mère et point mariée, et avait une certaine fortune.

P.-E. Duchamp espérait que la soussignée se rendrait chez Me Flory. La soussignée méprisa le fonctionnaire servant les coupables desseins de son client..... Nul doute que si la soussignée se fût rendue chez Me Flory avec son titre, comme elle s'était rendue, alors que les premiers bruits de la déconfiture Duchamp circulaient, chez Me Ducruet, président de la Chambre des notaires, à Lyon, à qui elle avait donné son titre de créance à examiner afin d'avoir des renseignements positifs. Nul doute que Flory n'eût essayé l'échange. Il devait, de toute nécessité, avoir un titre conforme à l'idée émise dans les conclusions du 20 novembre, et, en vertu de l'art. 400 du Code pénal devant lequel se trouve P.-E. Duchamp pour ses tentatives d'enlèvement de titre, l'avoué eût de suite livré à la justice l'aventurière, qui osait se prévaloir de ses extorsions pour en réclamer le montant. Ce qui eût permis à P.-E. Duchamp de faire opérer une descente de justice chez la soussignée, et de faire disparaître toutes pièces, toutes lettres, tous titres prouvant et la fortune de la soussignée et les actes criminels déjà exercés à son préjudice!

Voilà comme sont protégés certains êtres assez malheureux pour être isolés et qui ne le seraient pas plus que d'autres si la protection des lois veillait sur eux.

Trop souvent il se rencontre de ces audacieux malfaiteurs qui font parade de leurs crimes, et la justice ne peut toujours les toucher. Ici, le criminel prend plaisir à se montrer tel qu'il est; lorsqu'il sera mis entre les mains de la justice, elle se taira, pièces en mains.

Novembre et décembre s'écoulent: la soussignée attendait toujours la solution de son procès, remis de huitaine en huitaine ; pendant ce temps, les diffamations circulaient de plus en plus.

La soussignée, ne prenant plus conseil que d'elle-même, rejeta toute crainte et porta une plainte, le 6 janvier, à M. le Procureur de la République, pour se mettre, pensait-elle, plus efficacement, sous la protection des lois contre les malfaiteurs. Au lieu de se mettre sous la protection des tribunaux, par cette plainte, la soussignée signait l'arrêt de toutes les condamnations civiles, qui, depuis 1874 jusqu'en 1878, ont été demandé contre elle, soit par l'ex-notaire, soit par la direction de l'enregistrement, des domaines et du timbre, soit par la femme Duchamp. Il eût mieux valu, pour la soussignée, prendre son titre, le déchirer et demander à son débiteur d'en vouloir bien daigner accepter les morceaux sur un plat d'or, qui lui eût été laissé comme épingle.

RELEVÉ DE LA PLAINTE PORTÉE CONTRE DUCHAMP

PAR LA SOUSSIGNÉE

A Monsieur le Procureur de la République ,

Lyon, 6 janvier 1875.

MONSIEUR,

En mil huit cent soixante et onze, au moment où les événements faisaient craindre pour la sécurité de la fortune, je remis à Me Duchamp, notaire à Lyon, la somme de cinquante mille francs destinée à l'achat d'une propriété, achat qui n'eut pas lieu. M. Duchamp resta en possession de mes fonds, dont je reçus le premier remboursement, soit dix mille francs, dont je fis reçu à valoir.

Aujourd'hui, pour se dispenser de me rembourser ce qui me reste dû de ma créance, M. Duchamp n'hésita pas à me couvrir d'infamies dans des conclusions qui m'ont été signifiées et dont copies photographiées ci-jointes.

Ces conclusions ne sont autre chose que des diffamations que l'on me jette à la face afin de m'intimider par tous les moyens possibles, et dont mon jeune fils, élève de seconde au Lycée de Lyon, aurait par contre-coup à souffrir.

C'est pour ces motifs, Monsieur le Procureur, que je vous transmets copies de ces conclusions et qu'après en avoir pris connaissance et au moment où mon procès viendra devant le tribunal civil, où il est en instance, vous jugiez ce qu'il convient de faire pour qu'une femme, une mère de famille seule et outragée puisse se trouver à l'abri de l'infamie.

Daignez agréer, etc.

BÉRER.

Le parquet répondit et assura la soussignée que la loi était formelle; pour tous de continuer de poursuivre au civil le remboursement de ses capitaux; que le ministère public assistait à tous les débats judiciaires; qu'à ce moment, selon la loi, il se saisirait de la cause et surseoirait au jugement civil.

Sur la demande de la soussignée, s'il n'était pas plus prudent pour elle que le parquet intervînt de suite, si la loi le permettait, que toutes preuves seraient fournies, toutes explications données ne pouvant entrer dans une plainte pour avertir, le magistrat ouvrit un Code, lut une loi et réitéra à la soussignée qu'elle pouvait être assurée que le parquet ferait son devoir.

Un peu rassurée, la soussignée se retira. Deux jours après sa plainte, un nouvel acte frauduleux d'une autre portée lui était signifié sous forme de conclusions nouvelles.

Le voici :

DEUXIÈMES CONCLUSIONS

(8 janvier 1875.— Copie de conclusions.)

Pour M. Duchamp, demeurant à Lyon, rue du Plat, défendeur : Me Flory;

Contre Mlle Bérer, demeurant rue de la Préfecture, 2, demanderesse, Me Terme.

Plaise au Tribunal :

Attendu que la dame Bérer a formé contre le concluant une demande en paiement de quarante mille francs, à raison d'un engagement verbal qu'il aurait contracté en mil huit cent soixante et onze ;

Attendu que Duchamp, rectifiant ses conclusions primitives, n'entend contester ni les termes de l'acte, ni sa validité, mais demande à établir seulement que ce n'est point un acte à titre onéreux, mais bien une donation véritable ;

Que des faits nouveaux ont rendu ces rectifications nécessaires ;

Attendu, en effet, que Duchamp se trouvant actuellement sous le coup d'actions en responsabilité pour des sommes considérables et d'une demande en séparation de biens, avait proposé à la demanderesse, par ses conseils, d'attendre que les questions de responsabilité fussent tranchées, et dans ce but d'atermoyer, ce qui a été refusé;

Qu'en présence de ce refus, il importe au concluant, dans l'intérêt de ses créanciers véritables, que le caractère vrai de l'acte invoqué par la dame Bérer lui soit restitué;

Attendu que s'il est possible en fait, contrairement à ce qui avait été dit par *erreur* dans les précédentes conclusions, que la dame Bérer ait pu avoir à sa disposition une somme de cinquante mille francs, il est certain qu'en réalité elle n'a jamais disposé en faveur du concluant;

Que le caractère de gratuité de l'acte dont se prévaut la demanderesse ressort, de la façon plus évidente, et de la situation de fortune des parties respectives à l'époque où se place l'acte et des rapports qui ont existé entre elles, et de leurs correspondances, et de la date de l'engagement, puisque le concluant avait reçu, quelques jours auparavant, une somme beaucoup plus considérable qu'il plaçait en rentes sur l'Etat;

Dire et prononcer :

Que l'acte invoqué par la demanderesse est un acte à titre gratuit, et qu'il sera accordé au défendeur un délai de cinq ans pour se libérer par cinquième d'année en année;

Dire qu'il sera fait mainlevée pure et simple des oppositions pratiquées sans titre par dame Bérer au préjudice du sieur Duchamp;

Pour toutes autres fins et conclusions, renvoyer le défendeur d'instance, sans dépens.

Sous toutes réserves.

Soient les présentes conclusions notifiées, de la part de Me Flory, à Me Terme, aussi avoué.

Dont acte.

Signé : FLORY.

Signifié et donné cette copie de la part de Me Flory à Me Terme, avoué à Lyon, en parlant dans son étude à son clerc, par moi, huissier audiencier soussigné, à Lyon, le 8 janvier 1875.

Signé : FONBONNE.

CONCLUSIONS NOUVELLES EN RÉPONSE

A L'OFFRE DE DONATION.

(23 janvier 1875.)

Pour Mlle Bérer, Me Terme;

Contre M. Duchamp, Me Flory. — M. de Lachesnais, intervenant, Me Ruchon.

Elles tendent,

En ce qui touche le sieur Duchamp :

Attendu qu'après avoir, dans des conclusions versées aux débats, soutenu que la réclamation qui lui est faite par la demoiselle Bérer, constituant une obligation sans cause qui ne pouvait produire aucun effet vis-à-vis de lui, le sieur Duchamp, reconnaissant plus tard qu'un pareil système était non-seulement insoutenable, puisqu'il était repoussé par tous les faits et tous les documents de la cause, mais encore qu'il ne pouvait échapper à la condamnation réclamée par la demoiselle Bérer, a imaginé de prétendre que la somme qui lui est réclamée, et dont il a fourni reconnaissance verbale comme étant de sa part une libéralité par une donation à titre gratuit;

Qu'en raison de ce, il réclame de très-longs délais pour se libérer;

Attendu que les nouveaux moyens imaginés par le sieur Duchamp ne sont pas plus fondés que ceux qu'il avait adoptés à l'origine du débat;

Que la créance réclamée par la demoiselle Bérer a une cause licite et valable reconnue par le sieur Duchamp, qui a déjà payé un à-compte de dix mille francs;

Qu'il suit de là que la demande, étant pleinement justifiée, doit être admise par le tribunal.

En ce qui touche le délai de grâce demandé par le sieur Duchamp,

Attendu que, si les tribunaux ont le pouvoir d'accorder au débiteur malheureux et de bonne foi des délais pour se libérer, il ne saurait être question d'user de cette faculté vis-à-vis de Duchamp, dont la mauvaise foi est manifeste et qui a organisé une série de moyens frauduleux pour échapper à l'action de ses créanciers.

En ce qui touche l'intervention de M. de Lachesnais,

Attendu que les moyens qui lui servent de base sont les mêmes que ceux apportés par le débiteur;

Que ce qui vient d'être dit est une réponse suffisante pour la faire rejeter;

Il plaise au tribunal,

Sans s'arrêter ni avoir égard aux nouveaux moyens et conclusions signifiés au nom de Duchamp, et les rejetant, ainsi que l'intervention de de Lachesnais;

Dire et prononcer que les conclusions au nom de la demoiselle Bérer lui sont adjugées, Duchamp et de Lachesnais condamnés aux dépens.

Soient les conclusions qui précèdent notifiées, de la part de Me Terme, avoué de la demoiselle Bérer :

1° A Me Flory, celui du sieur Duchamp;

2° A Me Ruchon, celui du sieur de Lachesnais.

Dont acte.

TERME.

Notifié et donné sept copies de la part de Me Terme à Mes Flory et Ruchon, avoués à Lyon, en parlant dans leur étude à leurs clercs, par moi, huissier audiencier, soussigné, le 23 janvier 1875.

Timbre spécial, une feuille, 1 fr. 20.

FONBONNE.

Enregistré à Lyon, le 26 janvier 1875, f° 13, r° c° 2.
Reçu 3 fr. 75 c.

Dans l'acte du 6 janvier 1875, Duchamp offre de faire un don de quarante mille francs, soit de la somme qui lui reste entre les mains sur les cinquante mille qui lui furent remis en 1871, et cela dans l'intérêt de ses créanciers véritables.

Nota benè. — A ce moment, Duchamp signifiait ne rien devoir à personne aux uns au moyen d'actes coupables, aux autres en niant tout simplement.

Les actes de la procédure engagée entre la soussignée, de Lachesnais et Duchamp, en 1874-75, prouvent ces assertions, mais tout ne peut être mis dans une pétition; tous ces actes sont réunis dans un mémoire général.

Le mobile de Duchamp, en signifiant l'offre de faire une donation, était de gagner du temps, et d'échapper sur l'heure à une condamnation pour tentative d'escroquerie d'un titre de créance par actes diffamatoires, tendant à faire condamner sous de fausses accusations le porteur du titre légal qui lui était judiciairement réclamé.

Le parquet fit-il appeler Duchamp! Est-ce avec son assentiment que Duchamp se tira ainsi d'affaire?

Me Terme, nouvel avoué de la soussignée, répondit à cet acte du 8 février: comme il est donné de le voir dans les conclusions en réponse.

« Qu'il ne pouvait être accordé de grâce à un débiteur, organisant « une série de moyens frauduleux pour échapper à l'action de ses « créanciers, etc. »

Me Terme avait connaissance de la capitalisation d'une partie des revenus de la communauté de biens aux aquêts des mariés Duchamp.

La soussignée ayant expliqué à Me Terme les cause de sa créance, et que, de plus, pour confirmer ses dires, Duchamp, à son retour à Lyon, lui avait montré les livres de sa femme, où étaient inscrites ses valeurs, ce qui plus tard servit à faire retrouver les capitaux dissimulés et condamner la femme Duchamp à reporter au séquestre des biens de son mari une somme de 500,000 francs, comme lui ayant été attribuée en trop en raison de ses reprises en liquidation. (Arrêt de la Cour d'appel, en date du 9 décembre 1876.)

Après la plainte de la soussignée, au parquet les diffamations marchèrent de plus belle : on ne tint plus de mesure pour faire l'opinion, et pour faire croire qu'il s'agissait d'un vieillard surpris par une fillette réclamant son salaire impayé.

Voici une note, relevée dans un journal de Lyon (*le Salut Public*), à la date du 21 janvier 1875, sous la rubrique Lyon et le Rhône :

« La salle des Pas-Perdus du Palais de Justice de Lyon est, depuis « la semaine dernière, égayée par le récit d'un procès sur lequel la « première chambre du tribunal civil de Lyon aura bientôt à se pro- « noncer. Un homme bien connu à Lyon aurait commis l'impru- « dence de laisser à une Phryné qu'il fréquentait une pancarte sur « laquelle il inscrivait successivement ce dont il la gratifiait en pro- « messes. La première page remplie, avant de laisser commencer la « seconde, Phryné fait l'addition et trouve un total de 50,000 francs; « vite, elle réclame son dû ; le barbon refuse, puis, après une scène « des plus violentes, offre une somme de 20,000 francs. Phryné « refuse à son tour, paye au Trésor 5,000 francs et plus pour enre- « gistrer, puis, après une dernière mise en demeure restée infruc- « tueuse, lance une assignation. L'affaire, mise au rôle comme nous « l'annoncions, sera plaidée un de ces jours. Allons, il y a encore de « beaux jours pour les amateurs de scandales à Lyon. »

Me Dulac, avocat de la soussignée, fut averti de ce débordement d'infamie ; il répondit : — Je le sais, je me charge de tout à l'audience, cela me servira à prouver toutes les audaces du débiteur frauduleux : ne faites rien au sujet du journal.

Le matin où les débats de ce procès en remboursement devaient avoir lieu, la soussignée écrit une lettre à son avocat pour lui faire les dernières recommandations d'une femme, d'une mère qui redoute pour son fils le scandale qu'on a dit vouloir faire contre elle.

Deux heures après sa lettre, la soussignée en recevait une de son avoué, ainsi conçue :

Lyon, le 18 février 1875.

MADAME,

Monsieur Dulac vient de me faire remettre votre dossier; il ne comprend pas, qu'après le résultat obtenu, vous vous obstiniez à plaider. Je verrai M. de Lagrevol, pour lui demander un délai.

Agréez, etc.

TERME.

Le résultat obtenu où était-il? on le chercherait en vain. Était-ce l'offre de remboursement, à titre immoral, du 8 janvier 1875? Le moyen de se soustraire au remboursement était seul changé. Il est fâcheux qu'un avocat garde quatre mois un dossier sans se rendre compte qu'il s'engage non à bafouer un client à la dernière heure, mais à le défendre;

qu'il mette quatre mois à comprendre que sa cliente demandait le remboursement légal de ses capitaux en voie d'être perdus, et, de plus qu'il fut prononcé sur les actes coupables commis à son préjudice.

Me Dulac avait accepté depuis le mois d'octobre le dossier et la provision d'usage (remise par la soussignée). Il avait eu le temps de faire des réflexions avant le dernier moment.

Me Dulac voulait-il entendre comme résultat une offre de trente mille francs faite à la soussignée au nom de la famille, offre dérisoire, comme s'il se fût agit de payer les folies d'un gamin sans que le susdit polisson en sache rien, était-il ajouté. (Lettre de Me Terme, de 1875 (voir à l'appendice), dans laquelle il est dit pour engager la soussignée à céder « que Duchamp est dans un état voisin de l'idiotisme le plus complet ».)

Le délai demandé fut accordé. De son côté, la soussignée adressait à M. le président du tribunal la lettre suivante, dans laquelle elle mit celle de Me Terme, afin de lui faire connaître la cause de la défection de Me Dulac.

Lyon, le 18 février 1875.

Monsieur le Président,

Mercredi dernier, à onze heures, je reçus la lettre suivante, et j'ai l'honneur de vous l'adresser. M. l'avocat Dulac pense que je dois être satisfaite du paiement qui m'a été offert. J'ai pensé et dit le contraire à Me Dulac depuis le premier jour où je lui ai remis le soin de me défendre; que la question d'argent ne pouvait être séparée de la demande en retrait des conclusions diffamatoires et frauduleuses.

Je ne m'obstine pas à plaider sans motif, ainsi que mes défenseurs l'affirmeront au tribunal, mais je demande à ce qu'il me soit accordé, par acte public, retrait de toutes conclusions ayant pour objet de dénaturer la cause de ma créance.

Veuillez agréer, etc.,

Bérer.

La soussignée se pourvut d'un nouvel avocat, Me Andrieux.

Me Terme accompagna la soussignée chez Me Andrieux auquel il remit le dossier de l'affaire, et la soussignée la provision d'usage, rendue, avec le dossier, par Me Dulac, soit 400 francs.

Le 2 mars 1875, l'affaire est plaidée contre le débiteur et contre un créancier dudit M. de Lachesnais, qui sur les diffamations répandues, s'était porté et avait été reçu partie intervenante au procès en remboursement. Huit jours après les plaidoiries, le jugement est rendu. L'avoué en informe sa cliente.

MADAME,

Le tribunal vient de rendre son jugement dans votre affaire Duchamp : il a repoussé votre demande et vous a, en outre, condamnée aux frais envers M. de Lachesnais, qui s'était porté intervenant en sa qualité de créancier. Si vous avez un moment de dix à onze heures, venez me voir, je vous expliquerai le motif de la décision du tribunal.

Agréez, etc.

TERME.

M. Terme donna pour motif de la décision du tribunal que, pour sauver le débiteur frauduleux et diffamateur avec tentatives d'escroquerie pour s'emparer du titre de créance de 50,000 fr , il avait fallu déclarer nulle sa créance.

— Alors, dit la soussignée, je suis dépouillée et je reste diffamée. Voilà donc la justice !

A ce moment, l'avoué remit à la soussignée le texte du jugement rendu entre elle, P.-E. Duchamps et M. de Lachesnais.

Nul doute, ajouta l'avoué, que Duchamp ou son créancier ne vous signifie le jugement qu'ils ont obtenu contre vous. Un séquestre est nommé contre Duchamp par ce jugement. Il y a urgence de faire enregistrer et de signifier pour la régularité de la procédure.

En marge du texte de ce jugement, délivré par l'avoué, se trouve cette mention : Coût de l'enregistrement, 4,100 fr.

La soussignée demanda à son avoué pourquoi cette somme à payer pour un jugement civil.

L'avoué lui fit remarquer que sa créance était un sous seing privé, qu'elle n'avait pas subi l'impôt sur le timbre, que la régie réclamerait les droits dus sur la créance et les percevrait à l'enregistrement du jugement, mais que ses adversaires, bénéficiaires dudit, étaient obligés toutefois de remplir la formalité de l'enregistrement ou qu'il serait passible des droits en sus.

De son côté, la soussignée, très-affectée de la défection du parquet, qui l'avait leurrée en lui affirmant, lors de sa plainte, qu'il se saisirait du procès et surseoirait au jugement civil, ayant en mains les preuves des agissements du débiteur, — il s'agissait de choses assez graves, — ne savait que faire se voyant refuser la protection des lois.

Le tribunal civil, sans informations plus amples, retirait une partie de la fortune d'une personne prouvant son droit à récupérer une créance légale, parce qu'elle n'avait pas voulu souscrire au simulacre d'un remboursement à titre immoral, que le jugement reconnaît lui-même être repoussé par la loi, tout en disant qu'on ne peut forcer une personne à accepter une donation dont elle ne veut pas.

Voici le texte du jugement du 10 mars 1875, remis par Me Terme à la soussignée, à titre de renseignements.

Quoiqu'il puisse contenir d'odieux ainsi qu'il est formulé ce jugement n'est pas complet.

Il y a des lacunes à combler.

Ce jugement a servi de réquisitoire et non de jugement civil s'appuyant sur le droit. Ce jugement a été une arme à double tranchant remise à un malfaiteur. Si le législateur, pour son édification, veut bien parcourir à fond cette pétition, il sera persuadé du danger que courent ceux que la loi abandonne.

TEXTE DU JUGEMENT

Prononcé le 10 *mars* 1875. *Première Chambre. Coût de l'enregistrement. Minute,* 4.100.

Mlle BÉRER, DUCHAMP, DE LACHESNAIS.

Ouï le ministère public en ses conclusions :

Attendu que le renvoi du juge des référés a régulièrement saisi le Tribunal sur la question de séquestre ; que les parties ont accepté le débat sur ce renvoi et que la cause est en état sur le tout ;

Attendu que Lachesnais, créancier de Duchamp, avait le droit d'intervenir dans l'instance ;

Attendu que les procédures sont connexes entre les mêmes parties, qu'il y a lieu de les joindre ;

Au fond :

Attendu que le billet souscrit par Duchamp, au profit de la Dlle Bérer, le 15 mars 1871, causé valeur argent prêté, n'énonce pas une cause sérieuse et réelle ;

Attendu, en effet, qu'il ressort de toutes les circonstances de la cause que Duchamp n'a jamais emprunté une somme de 50,000 fr. à a demoiselle Bérer ;

Attendu qu'en 1871, Duchamp n'était pas dans la nécessité de faire des emprunts, puisqu'il achetait des valeurs de Bourse ; qu'à cette époque il était *in bonis* et en possession de tout son crédit ;

Attendu que, si à cette époque la Dlle Bérer a pu être dans la possibilité de prêter une somme de 50,000 fr., il est résulté des justifications qu'elle a voulu faire à cet égard la preuve du contraire de ces prétentions, car il a été établi par les titres produits par elle-même que ces fonds ont conservé la destination qu'elle leur avait antérieurement donnée, qu'ils n'ont pas été déplacés ou retirés, en 1871, des maisons de banque ou maison de dépôt où elle les conservait ;

Attendu qu'on ne saurait admettre que la D[lle] Bérer eût fait un placement aussi considérable, eu égard à sa fortune, en ne stipulant pas des intérêts et en acceptant des échéances aussi éloignées et fractionnées que celles indiquées dans le billet;

Attendu qu'il résulte des correspondances échangées entre Duchamp et la demoiselle Bérer et qui ont été lues à l'audience, qu'il a existé entre eux des relations intimes;

Attendu que le billet du 15 mars 1871 n'a point eu d'autres causes que ces relations intimes;

Attendu que si la D[lle] Bérer eût été réellement créancière de Duchamp, elle n'eût point dans ces correspondances, pour obtenir de lui des petites sommes d'argent, employé les plus humbles et les plus timides sollicitations; mais qu'elle eût parlé le langage du créancier fort de son droit, et non celui de la femme qui réclame « un secours de l'homme qu'elle cherche à séduire »;

Attendu que le titre du 15 mars 1871 est donc sans cause ou ne peut avoir qu'une cause illicite déguisée sous une fausse cause; qu'il doit être donc, aux termes de l'article 1131 du Code civil, déclaré nul;

Mais attendu que Duchamp, après avoir fait plaider que le billet du 15 mars était non-seulement sans cause, mais encore qu'il lui avait été arraché par la pression et les manœuvres de la fille Bérer, a plus tard prétendu, dans ses conclusions dernières, que ce billet déguisait un acte de libéralité sous les apparences d'un engagement à titre onéreux;

Attendu qu'il y a lieu de donner acte à Duchamp de ces dernières déclarations;

Mais attendu que la demoiselle Bérer n'a jamais invoqué le titre du 15 mars 1871 comme contenant une donation déguisée; qu'elle l'a fait valoir uniquement comme constatant un prêt d'argent et en s'efforçant d'en établir la numération des espèces;

Attendu que dans ses dernières conclusions, répondant à celles que Duchamp avait fait verser en dernier lieu au procès, elle repousse *les nouveaux moyens imaginés par Duchamp comme n'étant pas plus fondés que ceux invoqués à l'origine*;

Attendu que le tribunal ne saurait valider un titre comme donation déguisée au profit d'une personne qui refuse de lui donner ce caractère;

Attendu que l'acte du 15 mars ne peut valoir, au regard de la demoiselle Bérer, ni comme reconnaissance d'un prêt d'argent, ni comme donation déguisée; qu'il ne peut donc, à aucun titre, être opposé aux créanciers de Duchamp;

Attendu que le contrat de donation ne pourrait exister que du jour où la demoiselle Bérer aurait accepté la libéralité et qu'en tous cas elle ne pourrait, à l'encontre de Lachesnais, créancier de Duchamp, dont le droit est acquis et consolidé avant que celui de la demoiselle Bérer soit né;

Attendu que Duchamp est aujourd'hui en état de déconfiture, que la séparation de biens est demandée contre lui;

Attendu que, dans ces circonstances, la maxime: *Nemo liberalis, nisis liberatus* doit recevoir application;

Attendu que la mesure du séquestre est justifiée, de Lachesnais étant en concours avec d'autres créanciers;

Par ces motifs :

Le tribunal, jugeant en premier ressort, joint les instances comme connexes, joint au fond le référé renvoyé devant lui par son président, admet l'intervention de Lachesnais comme régulière et fondée en droit;

Dit que le billet souscrit par Duchamp, le 15 mars 1871, au profit de la demoiselle Bérer, est nul et sans valeur, comme étant sans cause ou ayant une cause illicite déguisée sous une fausse cause; renvoie en conséquence de la demande formée contre lui par la demoiselle Bérer;

Donne acte à Duchamp et à la demoiselle Bérer de leurs dernières conclusions, notamment de celles par lesquelles Duchamp reconnait que le billet du 15 mars 1871 est un acte à titre gratuit; mais dit que, dans aucun cas, cette déclaration ne pourra être opposée à de Lachesnais comme créancier de Duchamp;

Condamne la demoiselle Bérer aux dépens envers toutes les parties.

Et statuant de de Lachesnais relatives au séquestre, nomme Me Damour, avoué près de ce tribunal, séquestre à l'effet de retirer et distribuer entre les créanciers de Duchamp toutes les sommes mobilières revenant à celui-ci et frappées de saisie-arrêt ou oppositions (à la charge par lui de se conformer aux règlements de la chambre des avoués).

Les dépens sur la nomination du séquestre réservés.

Tout ce qu'a émis le tribunal civil est du ressort d'une autre juridiction où des preuves doivent asseoir les faits tendant à détruire la légalité d'une créance démonstrant sa cause réelle et non un sous-entendu immoral évoqué par un intéressé à nier.

Les lettres de misère produites devaient être saisies par le parquet, instruit, par ce qu'avait déjà exécuté le débiteur, de ce qu'il était encore capable de faire.

Ce jugement civil, qui prostitue et incrimine une femme de quarante ans, une mère fait dire, dans tous les cas, que faisait donc le parquet?

Ce jugement, qui parle de séductions opérées sur un vieil homme pour lui avoir de petites sommes d'argent, tombe sous le ridicule.

Ensuite, ce sont les échéances qui sont trop espacées ; c'était ne savoir que dire ; ou encore ce titre ne porte pas d'intérêt

Quand un notaire en qui on a confiance, puisqu'on lui livre une partie de sa fortune, dit : — C'est inutile de les stipuler : tout titre de créance porte de droit intérêt légal.

Ainsi, pour avoir eu confiance en un fonctionnaire public, le tribunal trouve à cela encore une cause de plus faisant poids contre une créance légale.

La vérité, c'est que la soussignée, à bout de patience, a demandé, forte de son droit, les capitaux livrés au fonctionnaire public en 1871.

La vérité, c'est que, forte de son droit, malgré les craintes que Duchamp avait su lui inspirer, la soussignée avait eu confiance dans les tribunaux et s'y était résolument adressée.

La vérité, c'est que les tribunaux ont manqué à la soussignée, l'un en n'instruisant pas une affaire de son ressort, l'autre en faisant semblant de croire qu'il s'agissait d'une femme réclamant un paiement immoral.

Le tribunal civil, autre ironie, dit à la soussigné : — Votre fortune est trop petite pour avoir pu prêter cette somme. Tout le monde n'est pas millionnaire. Est-ce une raison sérieuse à donner? (Voilà de bons précédents pour certains exploiteurs.) Cinq mille livres de rentes ont été données, dans son désastre, à examiner aux tribunaux, par la soussignée, au moyen de son dossier remis à l'avocat, sous forme de bordereaux d'agents de change, relevés de comptes de diverses maisons de banques où la soussignée a eu des capitaux, soit avant, soit après 1871. Alors le tribunal crée l'équivoque suivante.

Les justifications que vous faites de votre fortune donnent la preuve qu'elle n'a pas été déplacée en 1871. Cela tombait pourtant sous le sens que les titres remis au tribunal étaient ceux qu'avait encore la soussignée et non le capital remis au notaire en 1871, représenté par un titre de créance dont le remboursement était demandé.

P.-E. Duchamp, non-seulement a été renvoyé indemne par les tribunaux, mais il lui a été délivré un jugement, le 10 mars 1875, concluant contre la soussignée à l'extorsion du titre de créance présenté en justice contre lui, et de plus stipulé que la soussignée avait recéleur de ses méfaits, en un mot, pour sauver un criminel, le tribunal civil a porté la main sur l'honneur de deux personnes sans qu'elles puissent se défendre.

Le soi-disant recéleur est-il nommé au jugement civil? La soussignée l'ignore, n'ayant la minute de ce jugement.

Le fait de recel consigné dans le jugement du 10 mars n'a été révélé à la soussignée que dans le courant du mois d'août 1879.

Et voici comment :

(En continuant cette longue pétition, le législateur pourra également juger ce qui peut être entrepris d'irrégularités judiciaires, par les hommes institués à sa garde, à sa bonne interprétation et application, contre une personne ignorante des lois.

Deux procès ont été intentés à la soussignée, sur le fond de son procès en remboursement, sans qu'il lui ait été donné d'avoir la signification de l'annulation judiciaire de sa créance. L'un, au nom de la direction générale de l'enregistrement, des domaines et du timbre, pour avoir paiement des droits dus sur le jugement du 10 mars 1875. Le second, au nom de la femme de P.-E. Duchamp, dame Adèle Bonnet. Ce dernier pour obtenir, au nom de ladite, main-levée d'une saisie-arrêt conservatoire faite au nom de la soussignée chez Me Damour, sequestre des biens de Duchamp nommé à cette fonction par jugement du 10 mars.

Le procès intenté à la soussignée par la femme de P.-E. Duchamp fut conduit d'avoué à avoué, malgré la soussignée, qui, prévoyant bien qu'elle serait quand même condamnée, voulait laisser prendre simplement défaut contre elle.

Mais cela ne faisait pas l'affaire de P.-E. Duchamp, qui instrumentait, sous le couvert de sa femme, la levée du séquestre mis sur ses biens le 10 mars 1875, et pour cela mainlevée de toute saisie-arrêt faite chez ledit.

P.-E. Duchamp était également poursuivi par la direction du Rhône, pour l'enregistrement du jugement qu'il a obtenu le 10 mars 1875 ; on ne savait ce qui pouvait arriver, il fallait faire table rase.

Voici donc comme il fut procédé pour le jugement en mainlevée contre la soussignée.

Un jour, un avoué de première instance, Me Galliot, envoya à un de ses collègue, Me Mauvernay, un acte d'assignation donnant ouverture à une instance judiciaire entre la soussignée et la femme du sieur Duchamp.

Ledit avoué en informe la soussignée par la lettre suivante :

L. Mauvernay, avoué de première instance, défenseur au tribunal de commerce, successeur de Me Terme, Lyon.

Lyon, le 27 décembre 1877.

MADAME,

J'ai l'honneur de vous informer que j'ai reçu une assignation en mainlevée de l'opposition que vous avez formée entre les mains de Me Damour, séquestre sur les sommes revenant à M. Duchamp.

L'opposition, le domicile étant élu en mon étude, on m'a signifié pour vous cette assignation.

Agréez, etc.

MAUVERNAY.

Me Mauvernay est le successeur de Me Terme, mais cela ne l'instituait pas d'office à recevoir les actes de la soussignée et surtout à les garder malgré elle.

Précédemment, cet avoué avait déjà informé la soussignée qu'il avait reçu en son nom un mémoire de la Régie. Voici sa lettre :

Me Mauvernay, avoué de première instance, défenseur au tribunal de de commerce, successeur de Me Terme, Lyon, rue du Bois.

MADAME,

J'ai reçu de l'administration de l'Enregistrement, en réponse à votre opposition à la contrainte décernée jadis contre vous. Je vous prie, en conséquence, de vouloir bien venir me voir.

Agréez, etc.

MAUVERNAY.

Il fallait deviner ce qu'avait reçu Me Mauvernay.

La soussignée se rendit chez cet avoué et lui demanda comment il se faisait que la femme de P.-E. Duchamp pût lui intenter un procès pour le compte de son mari.

La soussignée dit au successeur de Me Terme, que de suite après le jugement du 10 mars 1875, soit en mai suivant, la femme Duchamp avait introduit un référé contre elle pour obtenir mainlevée de la saisie-arrêt faite en son nom au début de son instance en remboursement chez Me Pion, successeur de Duchamp, et maison Bonnet, négociant à Lyon. Que ladite avait été déboutée par le président du tribunal, parce qu'attendu « qu'un jugement de première instance » n'est pas définitif, et vu sa non-signification les droits de la créan- » cière restent entiers ». (Ordonnance rendue le 11 mai 1875.)

Me Mauvernay répondit : que Me Galliot espérait mieux réussir avec une instance pour cette dernière opposition chez le séquestre.

Que, du reste, les époux Duchamp avaient bien le droit de retirer l'argent qu'ils avaient chez Me Damour ;

Qu'il lui conseillait de donner de bonne volonté cette mainlevée, sinon on saurait bien l'obtenir de force.

— Alors monsieur l'avoué, si c'est ainsi que vous parlez et que vous entendez mes interêts, veuillez me rendre l'assignation que vous avez reçue en mon nom et ne pas vous occuper de mes affaires ; de même, donnez-moi le mémoire de la Régie.

L'avoué équivoque dit qu'il ne savait où étaient ces pièces, qu'il les enverrait et qu'il ne se constituerait pas avoué de la soussignée.

Le lendemain, la soussignée montait à l'étude de Me Mauvernay et demandait à un clerc (le patron n'y étant pas) l'assignation signifiée par Me Galliot, ainsi que le mémoire de la Régie.

Le clerc remit l'assignation de dame Duchamp ; quant au mémoire, il n'était pas à la souche.

Quelques jours après, cet avoué écrivait à la soussignée, comme si rien ne lui avait été dit, la lettre suivante :

L. Mauvernay, avoué de 1re instance, défenseur au tribunal de commerce, successeur de Me Terme, Lyon.

Janvier 1878.

Mademoiselle,

Je voudrais vous voir pour vous donner connaissance du mémoire de la Régie et vous prier de me faire remettre la copie de l'assignation Duchamp.

Agréez, etc.

Mauvernay.

La soussignée fut chez l'avoué pour reprendre son mémoire. L'avoué dit qu'il a commencé la rédaction de ce qu'il veut répondre à la Régie, prend une feuille de papier sur sa table et se met à lire à la soussignée les diffamations contenues dans l'acte du 20 novembre 1874. Le fils de la soussignée l'accompagnait.

— Je vous ai dit, monsieur, et vous répète que je ne veux pas que vous vous occupiez de mes affaires ; assez d'insultes comme cela ; donnez-moi, je vous prie, le mémoire que vous a envoyé la Régie ; quant à l'assignation, je l'ai retirée, je la garde.

— Eh ! madame, les affaires sont les affaires.

La soussignée ne pouvait révoquer Me Mauvernay, ne lui ayant jamais donné pouvoir. Signifier une opposition ne constitue pas avoué.

Ne recevant aucune autre pièce judiciaire au sujet de l'instance en mainlevée, la soussignée pensa que la femme Duchamp avait abandonné son projet; il n'en était rien. Le 28 janvier 1878, des conclusions étaient signifiées à Me Mauvernay par l'avoué Galliot, comme avoué occupant et naturellement constitué.

Que fit Me Mauvernay? Au lieu d'en informer la soussignée, il lui écrivit la lettre suivante :

L. Mauvernay, avoué de première instance, successeur de Me Terme, Lyon.

Lyon, le 30 janvier 1878.

MADAME,

Ainsi que vous m'en aviez prié, j'ai déclaré n'avoir ni charge, ni pouvoir, pour occuper pour vous contre la demande de Mme Duchamp. En conséquence, mercredi prochain, le tribunal prononcera un jugement par défaut, ordonnant la mainlevée de l'opposition faite entre les mains de Me Damour, séquestre. Le tribunal vous condamnera inévitablement aux dépens. Je vous conseillerais plutôt de consentir amicalement cette mainlevée.

Veuillez agréer, etc.

MAUVERNAY.

L'avoué se moquait de la soussignée en lui demandant d'amicalement souscrire, à permettre à ce que la part de garantie qui lui restait pour sa créance, ce soit elle qui l'annule.

L'avoué annonçait un jugement de défaut: ce qu'il n'annonçait pas, c'est qu'il s'était constitué et que le jugement serait rendu contre avoué occupant, mais laissant présumer, par son silence, qu'il n'avait rien à opposer aux conclusions prises par l'avoué Galliot au nom de sa cliente et qui lui avait été notifié.

Voici établi, dans une nouvelle lettre de l'avoué Mauvernay à la soussignée, que le procès en mainlevée intenté au nom de la femme Duchamp n'était fait que pour servir à P.-E. Duchamp de levier pour retirer les sommes restant chez Me Damour. Sa femme lui servant de plastron pour demander au tribunal ce qu'il n'eût osé demander en son nom personnel : la levée du séquestre mis sur ses biens, sans avoir fait enregistrer et signifier le jugement du 10 mars, le nommant.

L. Mauvernay, avoué de première instance, défenseur au tribunal de commerce, successeur de Me Terme, Lyon.

Lyon, le 9 février 1878.

MADAME,

Me Galliot, avoué de Mme Duchamp, que j'ai vu au Palais, m'a déclaré qu'il demandait tout aussi bien la mainlevée de l'opposition sur les sommes appartenant à M. Duchamp que sur celles attribuées à Mme Duchamp ; une fois ce jugement rendu, Me Damour paiera tout entre les mains de Mme Duchamp.

Voyez ce que vous voulez faire.

MAUVERNAY.

Me Mauvernay pensait exalter la soussignée par cette annonce de ce qu'allait prononcer le tribunal. La soussignée ne répondit à aucune lettre de cet avoué complaisant, et n'entendant, depuis le commencement de son procès de 1875, que ces mots : Vous serez condamnée, toujours condamnée, elle avait bien compris qu'elle l'était, depuis le jour où elle avait osé demander le remboursement de sa créance, et depuis celui où elle avait osé porter une plainte directe au procureur de la République contre le sieur Duchamp.

Dernière lettre de Me Mauvernay pour annoncer à la soussignée qu'il a reçu le jugement de mainlevée du 13 mars 1878 :

L. Mauvernay, avoué de première instance, défenseur au tribunal de commerce, successeur de Me Terme, rue du Bois, 19, Lyon.

Lyon, le 3 avril 1878.

MADAME,

Ainsi que vous me l'aviez recommandé, j'ai déclaré à l'audience, par deux fois, n'avoir pour vous ni charge ni pouvoir d'occuper pour vous sur l'instance de Mme Duchamp en main levée de l'opposition que vous avez formée entre les mains de M. Damour. Ce jugement m'a été notifié. Vous avez dû en recevoir également une copie. Je ne me suis plus occupé de ce que vous pouviez faire.

Quant à l'opposition à la contrainte, j'ai su que, sur la signification de mon mémoire, faite en votre nom, l'administration a retiré ses pièces pour préparer un nouveau mémoire en réponse. C'est par le greffier de la deuxième chambre que j'ai eu ces renseignements.

Recevez, etc.

MAUVERNAY.

Cette lettre du 3 avril annonce également que l'avoué a signifié, malgré la défense qui lui en a été faite, un mémoire à la Régie au nom de la soussignée.

Voici le mot de la fin au sujet du procès entre la femme du sieur Duchamp et la soussignée, et pour quel motif il fallait que l'avoué Mauvernay fût tout à la fois occupant et non occupant dans l'instance en main-levée sur l'opposition faite au nom de la soussignée chez Me Domour, séquestre des biens de l'ex-notaire Duchamp.

Pour permettre au tribunal civil de rendre un jugement de défaut contre avoué occupant, mais ne concluant pas, qu'on veut rendre définitif, l'avoué se constitue défenseur de la soussignée, pour laisser toute certitude à la soussignée qu'il ne sera pris défaut au jugement que contre elle; il lui écrit avoir déclaré, en deux fois, au président du tribunal, n'avoir ni charge, ni pouvoir en son nom.

Ensuite, le jugement rendu le 3 avril 1878, notifié naturellement à avoué occupant, ledit avoué n'en informe la soussignée que le 4 avril suivant, par lettre mise à sa boîte, c'est-à-dire après que fussent écoulés les délais légaux pendant lesquels opposition au jugement de défaut contre avoué occupant est recevable.

Le tour était joué de main de maître. Lorsque la soussignée dit à l'avoué, en retirant le jugement : Puisque vous receviez ce jugement, pourquoi ne m'en avertir de suite. — Ce jugement a été remis dans mon casier, répondit l'avoué, je n'avais à m'occuper de vos affaires, vous avez dû en recevoir copie. Au moment où la soussignée recevait de l'avoué Mauvernay sa lettre l'avertissant du jugement rendu le 13 mars, elle recevait la copie dudit jugement envoyé par l'avoué Galliot.

Voici l'acte de constitution rendu par Me Mauvernay, avec le jugement du 13 mars et les conclusions qu'il avait gardées:

PRÉSENTATION

(29 décembre 1877).

Bérer contre Duchamp. — Me Mauvernay, avoué, 19, Lyon.

Me Mauvernay, avoué près le tribunal civil de Lyon,

Dit à Me Galliot, avoué de Mme Adélaïde Bonnet, épouse séparée de biens de M. Pierre-Eugène Duchamp, ancien notaire, avec lequel elle est domiciliée à Lyon, rue du Plat, 12, et dudit M. Duchamp pour la validité:

Qu'à toutes fins et exceptions, même de nullité et d'incompétence, il a ordre, charge et pouvoir d'occuper et occupera pour Mlle Bérer, rentière, demeurant à Lyon, rue de la Préfecture, 2, sur l'assignation à elle donnée à la requête de ladite dame Duchamp, suivant exploit de l'huissier Werney, de Lyon, du vingt-un décembre mil huit cent soixante-dix-sept.

Ce qui est dénoncé à Me Galliot à telles fins que de droit.

Sous toutes réserves,

Dont acte,

WERNEY, L. MAUVERNAY.

Me Mauvernay n'ayant reçu ni charge ni pouvoir, c'est donc attribuer lesdits de son autorité privée.

Dans sa lettre du 3 avril, Me Mauvernay réclame ses honoraires: 127 fr. pour mémoire à la Régie, 13 fr. 25 c. pour instances en mainlevée d'opposition Duchamp. Ce n'est pas cher, on voit que l'avoué n'a pas conclu. La soussignée eût pu refuser de payer, en disant à l'avoué: Montrez-moi le pouvoir que je vous ai donné pour instrumenter pour moi. Quant à moi, j'ai vos lettres, vos déclarations prouvent votre non-occupation. L'avoué eût dit, faites-moi un procès et s'en fût amusé.

La soussignée paya, assez avertie de ce qui l'attendait encore si elle osait attaquer un avoué.

CONCLUSIONS

23 *janvier* 1878. *Copie de conclusions. Bérer et Duchamp*, n° 752.
G. Gaillot, avoué à Lyon.

Pour

Mme Adélaïde Bonnet, épouse séparée quant aux biens de Pierre-Eugène Duchamp, ancien notaire, avec lequel elle est domiciliée à Lyon, rue du Plat, n° 12; ledit M. Duchamp agissant pour autoriser son épouse;

Demandeurs, Me Gaillot;

Contre :

Mlle Bérer, rentière, demeurant à Lyon, rue de la Préfecture ;

Défenderesse, Me Mauvernay.

Elles tendent à ce qu'il plaise au Tribunal:

Attendu que, par un jugement en date du 4 février 1875, Mme Duchamp, requérante, a été séparée, quant aux biens, d'avec son mari, et que Me Ducruet, notaire à Lyon, a été commis pour procéder à la liquidation de ses reprises;

Attendu que Me Ducruet a établi cette liquidation dans un procès-verbal du 4 mars suivant;

Attendu que ce procès-verbal a été homologué dans presque toutes ses dispositions par un jugement en date du 13 août 1875; mais que, sur l'appel émis par M. et Mme de Lachesnais, qui étaient intervenus en leur qualité de créanciers de M. Duchamp, ce jugement a été réprimé sur plusieurs chefs par un arrêt de la Cour d'appel de Lyon en date du 9 décembre 1876, qui a dit que les parties se retireraient de nouveau devant Me Ducruet, pour refaire la liquidation sur de nouvelles bases;

Attendu qu'aux termes d'un traité aux minutes de Me Ducruet, en date du 10 août 1877, M. et Mme Lachesnais ont donné mainlevée au séquestre mis à leur requête sur les biens de M. Duchamp, et ont retiré leur intervention dans l'instance en séparation de biens et en liquidation des reprises de Mme Duchamp, consentant à ce que la liquidation fût faite hors de leur présence, comme s'ils n'étaient pas intervenus;

Attendu que d'autres créanciers de M. Duchamp, qui étaient aussi intervenus dans cette instance, ont également retiré leur intervention, ainsi que cela résulte d'une déclaration sous seing privé en date du 2 juin 1877, déposée aux minutes de Me Ducruet, le 10 août suivant;

Attendu qu'aux termes d'un nouveau procès-verbal ouvert le 10 septembre 1877 et clos le 12 octobre suivant, Me Ducruet a rectifié la liquidation des reprises de Mme Duchamp de la manière prescrite par l'arrêt précité;

Attendu qu'il en résulte que, sous déduction du montant de diverses attributions à elle faites, Mme Duchamp reste créancière de son mari d'une somme de 63,743 fr. 38 c. sur le montant de ses reprises;

Attendu que, pour le paiement de cette somme et celle de 30,000 fr. due par M. Duchamp, à titre de récompense, le notaire liquidateur a dit que Mme Duchamp exercera l'action que confère l'art. 1472 du Code civil sur les biens personnels de son mari;

Attendu que, par un acte passé, le 19 novembre dernier, devant Me Ducruet, M. et Mme Duchamp ont approuvé cette liquidation ;

Attendu que, pendant le cours de tous les procès dont il vient d'être parlé, Me Damour, avoué près le tribunal, a été nommé séquestre des biens de M. Duchamp par un jugement du 10 mars 1875, et qu'en cette qualité il a encaissé diverses sommes qui doivent revenir à la requérante, au moins pour la plus grande partie, sinon pour la totalité;

Attendu que lorsque la requérante a voulu réclamer ces sommes, il lui a été révélé qu'à la date du 25 août 1877, par le ministère de Me Montrochet, huissier, une opposition a été formée dans les mains de Me Damour, à la requête de Mlle Bérer, qui se prétend créancière de M. Duchamp pour une somme de 40,000 fr. ;

Attendu que cette saisie-arrêt a été faite sans titre et sans ordonnance du juge, que dès lors elle est radicalement nulle;

Attendu que Mlle Bérer n'est pas créancière de M. Duchamp, à qu elle n'a jamais rien prêté et qui ne lui doit absolument rien;

Dire et prononcer que l'opposition formée à la requête de la demoiselle Bérer, au préjudice de M. Duchamp, dans les mains de Me Damour, par exploit de Me Montrochet, huissier à Lyon, en date du 25 août 1877, est nulle et mal fondée; en conséquence, faire mainlevée et qu'elle ne puisse faire nul obstacle à ce que Mme Duchamp reçoive de Me Damour les sommes dont ce dernier est débiteur comme séquestre des biens de M. Duchamp ;

Condamner de plus la demoiselle Bérer aux dépens.

GALLIOT.

Soient les conclusions qui précèdent notifiées, de la part de Me Galliot, avoué, à Me Mauvernay, aussi avoué, à telles fins que de droit.

EXTRAIT DU JUGEMENT PAR DÉFAUT

Rendu par la première chambre du tribunal civil de Lyon, le 13 mars 1878, au profit des mariés Duchamp.

Entre Mlle Béret, rentière, demeurant rue de la Préfecture, 2, à Lyon, au profit de Mme Adèle Bonnet, femme Duchamp, sans profession, demeurant à Lyon, rue du Plat, 12.

Extrait des minutes du greffe du tribunal civil de Lyon, séant à Lyon, département du Rhône. République française. Au nom du peuple français, le tribunal civil de première instance de Lyon a rendu, en audience publique de la première chambre, le jugement suivant : Entre la dame Adélaïde Bonnet, épouse séparée, quant aux biens, de M. Pierre-Eugène Duchamp, ancien notaire, avec lequel elle est domiciliée à Lyon, rue du Plat, n° 12, et dudit M. Duchamp, agissant pour autoriser son épouse, demandeur, comparant par Me Galliot, leur avoué, d'une part; et la demoiselle Bérer, rentière, demeurant à Lyon, rue de la Préfecture, défenderesse; ayant comparu par Me *Mauvernay, son avoué,* d'autre part. Oui, Me Galliot, avoué de M. et Mme Duchamp, qui conclut à ce qu'il plaise au tribunal donner défaut, faute de conclure, contre la demoiselle Bérer et Me Mauvernay, son avoué, et pour le profit. Dire que l'opposition formée à la requête de Mlle Bérer, contre M. Duchamp, dans les mains de Me Damour, est nulle et mal fondée; qu'en conséquence, il en sera fait mainlevée pure et simple, et qu'elle ne pourra faire obstacle à ce que Mme Duchamp reçoive de Me Damour les sommes dont ce dernier est détenteur comme séquestre des biens de M. Duchamp ; condamner la demoiselle Bérer aux dépens *faits ;* Me Damour, avoué près le tribunal, a été nommé *séquestre des biens de M. Duchamp par un jugement en date du dix mars mil huit cent soixante-cinq; en cette qualité, il a encaissé diverses sommes qui doivent revenir* à la dame Duchamp pour la plus grande partie, sinon pour la totalité; lorsque la dame Duchamp a voulu réclamer ces sommes, il lui a été révélé qu'à la date du vingt-cinq août mil huit cent soixante-sept, par le ministère de Me Montrochet, huissier, une opposition a été formée dans les mains de Me Damour, à la requête de demoiselle Bérer, qui se *prétend créancière* de M. Duchamp pour une somme de quarante mille francs. Cette saisie-arrêt a été *faite sans titre et sans ordonnance* du juge.

Suivant *exploit en date du vingt et un décembre dernier, enregistré, M. et Mme Duchamp ont fait assigner la demoiselle Bérer* devant le tribunal, pour voir dire que mainlevée sera faite de ladite saisie-saisie; Me Galliot a été constitué pour les demandeurs. Me Mauvernay s'est constitué pour la défenderesse. La cause en rôle sommaire, numéro trente, a été distribuée à la première chambre. Elle a été appelée pour le dépôt de conclusions. La demoiselle Bérer fait défaut, faute de conclure. Me Galliot, avoué des demandeurs, requiert avantage; les pièces ont été communiquées au ministère public droit. Donnera-t-on défaut, faute de conclure, contre la demoiselle Bérer et Me Mauvernay, son avoué? Donnera-t-on mainlevée de l'opposition formée par la demoiselle Bérer *entre les mains du séquestre? Quid* des dépens. Signé: Galliot. Ouï M. de Lagrevol, substitut de M. le procureur de la République. Attendu que, par jugement en date du quatre février mil huit cent soixante-quinze, Mme Duchamp, demanderesse, a été séparée quant aux biens d'avec son mari, et que Me Ducruet, notaire à Lyon, a été commis pour procéder à la liquidation de ses reprises. Attendu que Me Ducruet a établi cette liquidation dans un procès-verbal en date du quatre août suivant. Attendu que ce procès-verbal a été homologué dans presque toutes ses dispositions par un jugement en date du treize août mil huit cent soixante-quinze; mais que, sur l'appel émis par M. et Mme de Lachesnais, qui étaient intervenus en leur qualité de créanciers de M. Duchamp, ce jugement a été réformé sur plusieurs chefs par un arrêt de la cour d'appel de Lyon en date du neuf décembre mil huit cent soixante-seize, qui a dit que les parties se retireraient de nouveau devant Me Ducruet pour refaire la liquidation sur de nouvelles bases. Attendu qu'aux termes d'un traité aux minutes de Me Ducruet en date du dix août mil huit cent soixante et dix-sept, M. et Mme de Lachesnais ont donné mainlevée du séquestre mis à leur requête sur les biens de M. Duchamp et ont retiré leur intervention dans l'instance en séparation de biens et en liquidation des reprises de Mme Duchamp, consentant à ce que la liquidation fût faite hors de leur présence, comme s'ils n'étaient pas intervenus. Attendu que d'autres créanciers de M. Duchamp, qui étaient aussi intervenus dans cette instance, ont également retiré leur intervention, ainsi que cela résulte d'une déclaration sous-seing privé en date du vingt-un juin mil huit cent soixante et dix-sept, déposée aux minutes de M. Ducruet le dix août suivant ; attendu qu'aux termes d'un nouveau procès-verbal ouvert le dix septembre mil huit cent soixante et dix-sept et clos le douze octobre suivant, Me Ducruet a rectifié la liquidation des reprises de Mme Duchamp de la manière présente par l'arrêt précité ; attendu qu'il en résulte que, sous déduction du montant de diverses attributions à elle faites, Mme Duchamp reste créancière de son mari d'une somme de soixante-trois mille sept cent quarante-trois francs trente-huit centimes sur le montant de ses reprises. Attendu que, pour le paiement de cette somme et de celle de trente mille francs due par M. Duchamp à titre de récompense, le notaire liquidateur a dit que Mme Duchamp exercera l'action que lui confère l'article quatorze cent septante-deux du Code civil sur les biens personnels de son mari ; attendu que, par un acte passé, le dix-neuf novembre dernier devant Me Ducruet, M. et Mme Duchamp ont approuvé cette nouvelle liquidation ; attendu que, pendant le cours de tous les procès dont il vient d'être parlé, Me Damour, avoué près le tribunal, a été nommé séquestre des biens de M. Duchamp par un jugement en date du dix mars mil huit cent soixante-quinze, et qu'en cette qualité il a encaissé diverses sommes qui doivent revenir à la dame Duchamp pour la plus grande partie et non pas pour la totalité. Attendu que, lorsque la dame Duchamp a voulu réclamer ces sommes, il lui a été révélé qu'à la date du vingt-cinq août mil huit cent soixante-dix-sept, par le ministère de Me Montrochet, huissier, une opposition a été formée dans les mains de Me Damour, à la requête de la demoiselle Bérer, qui se prétend *créancière de M. Duchamp pour une somme de quarante mille francs ; attendu que cette saisie-arrêt a été faite sans titre et sans ordonnance du juge ; que, dès lors,* elle est radicalement nulle. Attendu, d'ailleurs, que la demoiselle Bérer, Me *Mauvernay, son avoué,* laissent présumer par leur silence qu'ils n'ont rien à opposer à la demande en mainlevée formée par la dame Duchamp. Par ces motifs, le tribunal, jugeant en matière sommaire et premier ressort, donne défaut, faute de conclure, contre la *demoiselle Bérer, Me Mauvernay, son avoué.* Et, pour le profit, dit que l'opposition formée à la requête de la demoiselle Bérer, au préjudice de M. Duchamp, dans les mains de Me Damour, par exploit de M. Montrochet, huissier à Lyon, en date du vingt-cinq août mil huit cent soixante-dix-sept, est nulle et qu'elle ne pourra faire nul obstacle à ce que Mme Duchamp reçoive de Me Damour les sommes dont ce dernier est détenteur comme séquestre des biens de M. Duchamp. Condamne la demoiselle Bérer aux dépens, sommairement liquidés à cinquante-un francs quatre-vingt-dix centimes, ou le coût de la minute et accessoires. Ainsi fait, jugé et judiciairement prononcé en audience publique de la première chambre du tribunal civil de première instance de Lyon, département du Rhône, séant en ladite ville de Lyon, au Palais de justice, place de Roanne, le treize mars mil huit cent soixante dix-huit, par MM. Brigueil, président du tribunal civil de première instance de Lyon, chevalier de la Légion-d'honneur; Faye, vice-président; Colcombet et Gros, juges. En présence de M. de Lagrovol, substitut de M. le procureur de la République, assistés de M. Colard, greffier. La minute du présent jugement a été signée par M. le président et par le greffier. Signé : Brigueil et Colard. En conséquence, le président de la République mande et ordonne à tous huissiers de mettre le présent jugement à exécution, aux procureurs généraux près les cours d'appel, aux procureurs de la République près les tribunaux de première instance, d'y tenir la main, à tous commandants et officiers de la force publique de prêter main-forte lorsqu'ils en seront légalement requis. Enregistré à Lyon (actes judiciaires), le vingt-un mars mil huit cent soixante-dix-huit, f° 40, v°, reçu neuf francs trente-huit centimes. Signé : Péridier. Pour expédition, le greffier, signé J. Matthieu. Enregistré à Lyon (actes judiciaires), le vingt-un mars 1878, f° 40, case 8. Reçu quatorze francs quarante centimes. Signé : Péridier.

Comme cela est dit au jugement de défaut du 13 mars, les mariés Duchamp ont pu retirer conjointement les sommes encore entre les mains de Me Damour, séquestre des biens de Duchamp.

Parce qu' « attendu que la soussignée a fait pratiquer, au préjudice dudit Duchamp, une saisie-arrêt sans titre et sans permission de justice ».

Voilà un jugement annulant une saisie-arrêt, non parce qu'un titre de créance est annulé, mais parce qu'il n'existe pas, ce qui ferait supposer l'extravagance. En effet, comment se pourrait-il qu'une personne puisse sans titre, sans cause précédente, faire former une opposition pour une somme de 40,000 fr., chez un séquestre, sans preuves à l'appui ?

La soussignée voulut protester contre ce jugement de défaut, obtenu par ruse, contre avoué occupant, mais ne concluant pas.

Il lui fut dit : Vous serez obligé d'attaquer les avoués, et, ma foi ! qui fera les poursuites ?

Elle se borna à une requête présentée au tribunal civil et à écrire une lettre au président du tribunal, sur cette façon d'agir, qui resta sans effets.

Par ce jugement civil du 13 mars, rendu par défaut, il est donné de voir l'ensemble des procès Duchamp, Lachesnais et autres créanciers présents à la déconfiture financière de P.-E. Duchamp.

Le second procès intenté à la soussignée le fut, comme il a été dit, au nom de la direction générale de l'Enregistrement.

Il débuta par une contrainte décernée le 29 décembre 1876.

La voici :

DIRECTION GÉNÉRALE DE L'ENREGISTREMENT

DES DOMAINES ET DU TIMBRE

CONTRAINTE

Il est dû solidairement par la demoiselle Jeanne Bérer, sans profession, demeurant à Lyon, rue de la Préfecture, 2, et M. Duchamp, ancien notaire et propriétaire, demeurant à Lyon, rue du Plat, 12, la somme de quatre mille neuf cent quarante-trois francs soixante-seize centimes, sauf à augmenter ou à diminuer après justification et production à faire, savoir : 1° pour droit simple d'enregistrement en principal et décimes sur un jugement du tribunal civil de Lyon du 10 mars 1875, contenant :

	Principal	Décimes	Total
Cinq dispositions..............	37 50	9 38	46 88
2° Pour droits en sus..	37 50	9 38	46 88
3° Pour les droits d'une reconnaissance du 15 mars 1871, souscrite par M. Duchamp au profit de Mlle Bérer et des correspondances mentionnées dans le jugement précité les dites pièces non représentées, sauf à augmenter ou diminuer	4125 —	725 —	4850 —
Totaux......	4200 —	743 76	4943 76

Le tout conformément aux articles 1, 2, 3, 4, 5, 7, 11, 20, 23, 30, 31, 37, 48, § 3, n° 3, de la loi du 22 frimaire an VII; articles 45 et 57 de la loi du 28 avril 1816, 4 de la loi du 28 février 1872, 1 et 2 de la loi du 6 prairial an VII, 1er de la loi du 23 août 1871, 2 de la loi du 30 décembre 1873. — Au paiement de laquelle somme de quatre mille neuf cent quarante-trois francs 76 cent. lesdits Jeanne Bérer et M. Duchamp, solidaires, seront contraints par les voies de droit. Fait et décerné par le receveur de l'enregistrement des Domaines et du Timbre à Lyon (actes judiciaires).

Lyon, le 27 décembre 1876.

Signé : PÉRIDIER.

Vu et rendu exécutoire par nous, juge de paix du 6e canton de Lyon, le vingt-neuf décembre 1876.

Signé : MAZET.

L'an mil huit cent septante-six, le vingt neuf, je dis vingt-neuf, décembre, à la requête de M. le directeur général de l'enregistrement, des Domaines et du Timbre, à Paris, palais du Louvre, pavillon Colbert, rue de Rivoli, poursuites et diligences de M. le Directeur, demeurant à Lyon, rue de la Charité, 17, domicile élu dans ses bureaux, sis audit lieu, et encore au bureau de l'enregistrement des actes judiciaires, établi à Lyon, rue Tramassac, 38,

J'ai, Antoine Bret, huissier reçu au Tribunal civil de Lyon, y demeurant, place Saint-Pierre, 2, soussigné,

Signifié : 1° à Mlle Jeanne Bérer, sans profession, demeurant à Lyon, rue de la Préfecture, 2, en son domicile, parlant à elle-même, en son domicile ;

2° à M. Duchamp,

La contrainte de l'autre part, à ce qu'ils n'en ignorent.

Et, en vertu de cette contrainte, je leur ai fait commandement, de par la loi, de payer, dans la huitaine pour tout délai, entre les mains de M. Péridier, receveur de l'Enregistrement et des Domaines, dans son bureau, établi à Lyon, rue Tramassac, 38, et non en d'autres mains, la somme de quatre mille neuf cent quarante-trois francs 76 cent. pour les causes mentionnées en ladite contrainte, ensemble les frais de poursuites.

Leur déclarant que, faute de ce faire dans ledit délai, ils y seront contraints par les voies de droit.

Et je remets cette copie à Mlle Bérer, afin qu'elle ne l'ignore.

Coût : dix francs 70 cent., compris un franc 20 cent. pour 2 1/2 feuilles papier timbré.

A. Bret.

Au reçu de cette contrainte, la soussignée se rendit chez M. le directeur au département du Rhône, alors M. Amadieu, pour lui démontrer en quoi elle se trouvait injustement poursuivie comme responsable et solidaire des actes de notaires en contravention avec la loi ;

Que, de plus, il lui semblait impossible qu'on l'oblige de payer les frais d'un jugement sans qu'il lui soit au moins signifié ;

Qu'un séquestre était nommé sur les biens du sieur Duchamp par jugement du 10 mars 1875 ; qu'il était facile à la direction d'obliger ledit à faire le nécessaire pour la régularité de ses actes.

Que, de plus encore, la liquidation des reprises dotales de l'épouse Duchamp avait été attaquée ; que le jugement de liquidation de séparation de biens de ladite avait été cassé et qu'un arrêt de la cour d'appel, en date du 9 décembre 1876 avait ordonné le rapport par l'épouse, aux créanciers de son mari, d'une somme de 500,000 fr. comme lui ayant été attribuée en trop sur ses droits.

Le directeur sembla goûter ce raisonnement et dit à la soussignée de lui laisser la contrainte, qu'il donnerait des ordres, ce qu'il dut faire, car à ce moment les poursuites cessèrent et ne furent reprises qu'au moment où la Régie envoya en 1878 son mémoire à Me Mauvernay sans en avertir la soussignée.

Mais ni Duchamp, ni Lachesnais ne furent obligés de faire le nécessaire pour le jugement dont ils bénéficient et dont ils ont fait usage : l'un en gardant le capital confié sans signifier l'annulation judiciaire du titre-créance de 1871 ; l'autre, en récupérant, au moyen du séquestre nommé sur les biens de Duchamp le 10 mars 1875, tout ou partie des sommes qu'il réclamait à son ex-notaire, soit un million soixante mille francs, chiffre porté aux pièces judiciaires de l'instance engagée entre la soussignée, Lachesnais et Duchamp en 1874-1875.

Ce qui fait que, même après l'arrêt de la cour d'appel de Lyon en date du 9 décembre 1876, réformant la liquidation des mariés Duchamp, Lachesnais voulait aller plus loin, lorsqu'un traité est intervenu et a mis fin aux poursuites de M. de Lachesnais contre Duchamp.

Ce traité, passé aux minutes de Me Ducruet, notaire, le 10 août 1877, peut seul dire à quelle condition M. de Lachesnais a donné mainlevée, en ce qui le concerne, du séquestre mis sur les biens de Duchamp.

Au sujet du procès entre l'Enregistrement et la soussignée et du paiement des droits dûs sur le jugement de 1875, des manœuvres furent également entreprises.

La soussignée, après le 10 mars 1875, rendit visite à son avocat pour prendre conseil sur ce qu'elle devait faire. L'avocat dit : « Attendez des temps meilleurs; si on vous signifie, je vous recommande Me Chavant, avoué à la cour; allez-y de ma part. »

De son côté, la soussignée, ayant compris qu'insister de nouveau devant les tribunaux de Lyon serait inutile, en resta là. Seulement elle ignorait le crime stipulés contre elle au jugement du 10 mars, et l'avocat présent à la lecture du jugement garda le silence. Si Me Andrieux eût dit à la soussignée : Non-seulement, pauvre femme, vous perdez votre argent, non-seulement vous restez diffamée, mais le tribunal civil a prononcé, par la voix de son président, que vous avez extorqué le titre de créance dont vous lui avez demandé le remboursement légal, et, de plus, a dit que vous aviez recéleur de vos extorsions. Il aurait certainement fallu en finir.

De semblables faits fussent-ils exacts. Ce n'est pas un jugemeut civil qui doit les renfermer sans qu'ils soient jugés. On ne peut condamner personne, incriminer personne, sans une instruction venant établir publiquement les faits accusateur, et on ne le peut, quant on a la possibilité d'avoir les personnes sous la main, sans les entendre.

Les défenseurs se sont tu. La soussignée a été mise devant un droit formidable à payer, qu'elle a payé, après qu'il lui eût été affirmé que ce n'était à elle de faire l'avance des frais dus sur le jugement, du procès qu'elle venait de perdre.

Le certains, c'est qu'il ne fallait pas que la soussignée puisse de nouveau se pourvoir contre Duchamp, devant les tribunaux.

Dans le courant de mai 1875, la soussignée fut demander à Me Chavant si, sur la recommandation de Me Andrieux, il se chargerait de sa cause en appel, le cas échéant.

L'avoué accepta.

La soussignée pria à ce moment ledit avoué de faire une recherche pour elle au greffe du Palais.

Quelqu jours après. l'avoué écrivit qu'il n'avait pu trouver ce qui lui avait été demandé. La soussignée alla le payer et lui dit que, si le jugement lui était signifié, elle aurait recours à son ministère.

En juin 1877, cet avoué adresse deux lettres à la soussignée pour lui dire qu'elle ait vivement à verser une certaine somme à la direction de l'Enregistrement, des Domaines et du Timbre, ou sinon elle sera poursuivie par ladite et sûrement condamnée.

Voici les lettres de cet avoué :

Me Chavant, licencié en droit,
avoué à la cour d'appel, rue de la Bombarde, Lyon,

Lyon, le 14 juin 1877.

MADAME,

J'ai appris qu'à la direction générale de l'Enregistrement, des Domaines et du Timbre on s'occupait de la rédaction d'un mémoire sur lequel le tribunal aura à statuer, sur le jugement rendu entre vous et M. Duchamp au sujet des droits à percevoir. Ce mémoire sera déposé prochainement; il est probable que le tribunal fera droit à la demande de l'Enregistrement et vous condamnera à payer le montant de la contrainte. J'ai prié M. le directeur d'attendre vingt-quatre heures le dépôt de ce mémoire, voulant vous transmettre les concessions que j'ai obtenues. On vous fera remise des amendes et du double droit si vous consentez à payer de suite ; la somme que vous aurez à verser ne s'élèvera pas, m'a-t-on dit, à plus de mille francs.

Veuillez agréer, etc.

CHAVANT.

La soussignée ayant dit au jeune clerc porteur de la lettre que si elle était poursuivie elle se défendrait, l'avoué renvoya la lettre suivante :

Me Chavant, avoué à la cour d'appel de Lyon, licencié en droit, rue de la Bombarde.

Lyon, le 14 juin 1877.

MADAME,

Vous avez dit à mon clerc que vous vouliez faire plaider l'opposition à la contrainte : je dois vous déclarer que vous ne pourrez pas faire plaider ; ces sortes d'affaires s'instruisent par mémoires, il n'y a pas de plaidoirie, c'est une procédure particulière. Prenez vos renseignements ailleurs pour vous convaincre. J'insiste sur la proposition nouvelle qui vous est faite, car elle est dans votre intérêt ; paiement immédiat d'environ 1,000 fr. sans procès, ou bien, si vous faites juger sur la contrainte, vous risquez de payer trois ou quatre fois plus. Vous êtes bien avertie et je ne vous dérangerai plus. Vous pourrez voir Me Mauvernay, qui, je crois, a fait signifier l'opposition à la contrainte en votre nom, et je suis convaincu qu'il vous donnera le même conseil que moi.

Signé : CHAVANT.

La soussignée était assez avertie que pour elle en ce moment, à Lyon, il n'y avait devant les tribunaux ni droit, ni lois à invoquer pour assurer sa sécurité et défendre ses biens.

La soussignée ne vit ni n'écrivit à cet avoué, ne voulant souscrire à cette espèce de pression spéculant sur ses craintes de procès et de condamnation d'avance annoncée comme certaine pour lui faire donner une somme, pour acquiescer à un jugement concluant contre elle à un crime, ce qu'il ne devait ignorer.

Aucun mémoire, à ce moment ne fut signifié, par la Régie.

Seul un avertissement fut adressé à la soussignée par la direction générale de l'Enregistrement, en septembre suivant.

Le voici ;

DIRECTION GÉNÉRALE

DE L'ENREGISTREMENT, DES DOMAINES ET DU TIMBRE,

Département du Rhône.

AVERTISSEMENT

Madame Jeanne Bérer, sans profession, Lyon, rue de la Préfecture, 2.

MADAME,

Par dépêche du 18 septembre courant, M. le directeur général de l'Enregistrement a informé M. le directeur du Rhône que la question de savoir si les droits d'enregistrement des actes produits en cour d'instance pouvaient être réclamés à toutes les parties en cause, était en ce moment soumise à la Cour de cassation.

En conséquence, M. le directeur général a prescrit de suspendre, jusqu'à la décision de la Cour suprême, la poursuite de l'instance engagée avec vous suivant oppositions à contrainte des 8 et 10 janvier 1877, à moins que vous ne teniez à ce que l'affaire soit immédiatement instruite.

Je vous prie de me faire connaître votre réponse le plus tôt possible.

A Lyon, le 26 septembre 1877.

Le receveur de l'Enregistrement, des Domaines et du Timbre,

Signé : PÉRIDIER.

Ne sachant trop ce que cela voulait sous entendre (des ordres supérieurs étaient donnés à la direction du Rhône et ladite en référait à un particulier pour savoir s'il voulait ou ne voulait pas qu'ils fussent exécutés.

La soussignée, par politesse, fit la réponse suivante :

A monsieur le directeur de l'Enregistrement, des Domaines et du Timbre, à Lyon.

MONSIEUR,

Puisque avis a été donné, par la direction de Paris à la direction du Rhône, que la Cour de cassation s'occupait en ce moment à délibérer sur la question de poursuite à diriger sur telle ou telle des parties en cause, en raison des affaires en cours d'instances, vous voudrez bien, monsieur le directeur, en considération de mon peu de savoir en ces hautes matières de jurisprudence, ne voir dans ma réponse qu'un remerciement pour votre obligeant avertissement.

Je suis votre servante.

BÉRER.

Ce fut, comme il a été dit, au cours de cette pétition, en novembre 1878, que l'avoué Mauvernay avertissait la soussignée qu'un mémoire lui avait été adressé par la Régie, la concernant, et que plus tard, Me Mauvernay signifia, malgré la soussignée, un mémoire en réponse. A ce sujet, il lui écrivit encore la lettre suivante :

L. Mauvernay, avoué de première instance, défenseur au tribunal de commerce, successeur de Me Terme, rue du Bois, 19, Lyon.

Lyon, le 18 juin 1878.

MADAME,

J'ai été officieusement informé par le greffier de la deuxième chambre que votre affaire contre l'Enregistrement devait venir vendredi prochain pour le rapport du juge. Vous pouvez encore faire signifier un nouveau mémoire à l'Enregistrement ou prendre tel autre parti que votre intérêt vous commandera.

Agréez, etc.

MAUVERNAY.

L'intérêt de la soussignée eût été d'être bien défendue. Elle en avait reconnu l'impossibilité, elle préférait, dès lors, ne pas l'être, et ne pouvait même l'obtenir.

Il est certain que, pour ce qu'a trouvé Me Mauvernay pour défendre en droit la soussignée au sujet des réclamations de la Régie, il devait penser qu'un mémoire supplémentaire ne serait pas de trop.

Me Mauvernay a invoqué dans son mémoire l'impossibilité matérielle où était la soussignée de s'emparer des lettres en la possession de Duchamp pour les soumettre à la Régie.

Et c'est tout.

Le jugement entre la direction générale de l'Enregistrement des domaines et du timbre, la soussignée et P.-E. Duchamp, ancien notaire, a été rendu le 28 juin 1878.

La direction générale en avisa la soussignée pour lui demander si elle voulait y acquiescer ; ce n'était pas l'intention de la soussignée, elle laissa signifier.

Voici l'avertissement et le jugement :

DIRECTION GÉNÉRALE

DE L'ENREGISTREMENT, DES DOMAINES ET DU TIMBRE

Département du Rhône.

AVERTISSEMENT

Madame Jeanne Bérer, sans profession, à Lyon, rue de la Préfecture, 2.

MADAME,

Par jugement du 28 juin dernier, le tribunal civil de Lyon a validé la contrainte décernée contre vous pour avoir paiement des droits exigibles sur le jugement du 10 mars 1875, et vous avez été condamnée solidairement avec M. Duchamp : 1° à la somme de 4,943 fr. 75 c., montant des droits réclamés ; 2° aux dépens.

Je vous prie de me faire connaître si votre intention est d'acquiescer à ce jugement. Dans le cas contraire, je serai oligé de le faire expédier et de vous le faire signifier.

A Lyon, le 15 juillet 1878.

Le receveur de l'Enregistrement, des Domaines et du Timbre,

Signé : PÉRIDIER.

JUGEMENT

RENDU POUR LA DIRECTION GÉNÉRALE DES DOMAINES ET DU TIMBRE.

Extrait des minutes du tribunal civil de première instance séant à Lyon, département du Rhône, République française.

Greffe du tribunal civil de Lyon (Rhône), 28 juin 1878; jugement entre l'Enregistrement et Duchamp, ex-notaire à Lyon, et Mlle Bérer, rentière, demeurant à Lyon.

Au nom du peuple français,

Le tribunal civil de première instance séant à Lyon, département du Rhône, a rendu en audience publique de la deuxième chambre le jugement suivant :

Entre :

M. le directeur général de l'Enregistrement, des Domaines et du Timbre, demeurant à Paris, hôtel du ministère des finances, rue de Rivoli,

Poursuites et diligences de M. Mazille-Dorville, directeur du département du Rhône,

Lequel a fait élection de domicile en ses bureaux, établis à Lyon, rue de la Charité, n° 17, et au besoin au bureau de l'enregistrement des actes judiciaires de Lyon, n° 38, rue Tramassac

D'une part;

Et :

Premièrement, la demoiselle Jeanne Bérer, sans profession, demeurant à Lyon, rue de la Préfecture, n° 2.

Laquelle a fait élection de domicile en l'étude de Me Mauvernay, avoué à Lyon, rue Dubois, n° 19, élection forcée.

D'autre part;

Deuxièmement, le sieur Pierre-Eugène Duchamp, ancien notaire, propriétaire-rentier, demeurant à Lyon, rue du Plat, n° 12,

Lequel a fait élection de domicile en l'étude de Me Flory, avoué à Lyon, place des Jacobins, n° 9.

D'autre part ;

La cause appelée par l'huissier de service ;

Vu la contrainte décernée le 27 décembre 1873, par l'un des receveurs de l'Enregistrement de Lyon, contre le sieur Duchamp et la demoiselle Bérer, rendue exécutoire le 29 du même mois par M. le juge de paix du sixième canton de Lyon et signifié, par huissier, le même jour aux intéressés, afin d'obtenir le paiement de la somme de 4,943 fr. 76 c., qui serait due solidairement par eux à la Régie pour les causes ci-dessous énoncées :

Vu l'opposition du sieur Duchamp, à la date du 8 janvier 1877, et celle de la demoiselle Bérer à la date du 10 du même mois, lesdites oppositions signifiées à M. le directeur de l'Enregistrement du département du Rhône, avec assignations devant ce tribunal, en nullité de la contrainte.

Vu les mémoires signifiés, savoir :

A la requête de l'administration le 15 novembre 1877 aux deux parties, et le 22 suivant au sieur Duchamp ;

A la requête de la demoiselle Bérer, le 21 janvier 1877, à l'administration ;

A la requête du sieur Duchamp, le 9 février suivant et le 17 juin courant, à l'administration :

1° Attendu qu'un jugement contradictoire du tribunal civil de Lyon à la date du 10 mars 1875, statuant sur la demande de la demoiselle Bérer a décidé qu'un billet de 50,000 fr. coté valeur argent prêté et souscrit au profit de cette dernière par Duchamp, le 15 mars 1871, *est nul et sans valeur comme étant sans cause, ou ayant une cause illicite déguisée sous une fausse cause ;*

2° Attendu que le même jugement a constaté qu'il a été échangé entre Duchamp et la demoiselle Bérer des correspondances qui ont été lues à l'audience ;

3° Attendu que ni le billet du 15 mars 1871, ni les correspondances produites en justice, ni le jugement du 10 mars 1875, n'ont été enregistrés ;

4° Attendu qu'en vertu des articles 20, 23, 28, 29, 30, 31, 37 de la loi du 2 frimaire an VII, et de l'article 57 de la loi du 28 avril 1816, l'administration a liquidé provisoirement les droits dus à cette occasion à la somme de 4,943 fr. 76 c., sauf à diminuer ou augmenter suivant productions ou justifications qui pourraient être faites ultérieurement, et prétend que les deux parties sont tenues solidairement au paiement de ces droits ;

5° Attendu que la somme de 4,943 francs se compose des éléments suivants :

Premièrement, amende de 6 0/0 sur 50,000 fr. à raison du titre non écrit sur papier au timbre proportionnel (article 19 de la loi

du 24 mai 1834)......................................	3.000 »
Un décime et demi (loi du 6 prairial an VII, et art. 40, loi du 8 mai 1869).................................	450 »
Deuxièmement, droit de timbre proportionnel de 50 c. par 1.000 (article 18 de la loi du 24 mai 1834)............	25 »
Troisièmement, droit d'enregistrement, 1 0/0 sur le titre de 50,000 francs (article 69, § 3, loi du 22 frimaire an VIII)..	500 »
Deux décimes et demi (loi du 10 prairial an VII, article 1er, loi du 3 août 1873...........................	125 »
Droit en sus (art. 57, loi du 28 avril 1816............	500 »
Deux décimes et demi............................	125 »
Quatrièmement, double droit d'enregistrement et droit de timbre sur la correspondance non représentée, évaluées à 100 fr. (art. 23 et 28, loi de frimaire, art. 30; loi du 13 brumaire an VII, art. 43, § 14 loi du 28 avril 1816)..	100 »
Deux décimes et demi............................	25 »
Cinquièmement, droits d'enregistrement sur le jugement à raison de 7 fr. 50 c. et pour cinq dispositions (art. 45, loi du 28 avril 1872).........................	37 50
Deux décimes et demi............................	9 38
Droit en sus art. 20 et 37, loi de frimaire.............	37 50
Deux décimes et demi............................	9 38
Total	4.943 76

6° Attendu que les opposants contestent l'exigibilité et la liquidation des droits réclamés;

Que le sieur Duchamp se fonde principalement, dans la forme, sur l'absence du procès-verbal ou document quelconque constatant que le billet du 15 mars 1871 n'a pas été écrit sur papier timbré et, au fond, sur l'annulation judiciaire de ce billet;

Que, subsidiairement, les opposants repoussent la solidarité invoquée contre eux et se rejettent réciproquement la charge de l'impôt;

Que la demoiselle Bérer soutient qu'elle a été dans l'impossibilité matérielle de soumettre à l'enregistrement les lettres en la possession de Duchamp;

En ce qui concerne l'exigibilité et la liquidation des droits et les conséquences de l'absence d'un procès-verbal et de l'annulation du billet;

7° Attendu qu'aucune objection ne peut évidemment s'appliquer à la somme de 93 fr. 76 c., représentant les droits relatifs au jugement lui-même qui dérivent forcément du seul fait de son existence, de la nature et du nombre de ses dispositions :

8° Attendu que, pour la recevabilité de la réclamation de la Régie relativement au droit de timbre et de l'amende, il n'est pas nécessaire, comme le soutient Duchamp, que la contravention ait été constatée par un procès-verbal ; que les art. 31 et 32 de la loi du 13 brumaire an VIII, qui prescrivent la rédaction d'un procès-verbal, sont relatifs au cas où cette mesure est possible, c'est-à-dire où un acte en contravention aux lois sur le timbre est présenté aux préposés de la Régie ;

Que, dans l'espèce, le billet étant dissimulé, ces préposés ne peuvent, par le fait des opposants, *rien constater de cela*, et l'infraction est suffisamment établie jusqu'à la production de l'acte par le jugement du 10 mars 1875, *qui fait connaître son existence et son recel ;*

9° Attendu, au fond, qu'il est impossible de contester la somme de 3,475 fr. représentant le droit de timbre et l'amende, puisque le billet devait être écrit sur papier timbré indépendamment de ses conditions de validité ou de nullité, et que, par cela seul qu'il ne l'a pas été, l'impôt de consommation dont il est grevé n'a pas été payé et l'infraction a été commise ;

10° Attendu que les lettres produites au procès sans avoir été préalablement enregistrées et visées pour timbre sont incontestablement passibles du droit d'enregistrement et du droit de timbre ;

11° Attendu qu'il ne peut donc s'élever de question que relativement au droit proportionnel d'enregistrement de 625 fr. sur le billet annulé, mais qu'il devait être acquitté *limine litis* ; que, par conséquent, sa perception est indépendante de la décision judiciaire sur la validité du billet ; que l'enregistrement obligatoire au début du procès, l'impôt est devenu pour le Trésor, par le seul fait de l'introduction de l'instance, un droit auquel l'annulation ultérieure de l'acte n'a pu porter aucune atteinte ; que, puisqu'il n'a pas été payé dès le principe, il doit l'être au moment de l'enregistrement du jugement ; que le retard apporté par les opposants à se libérer est une contravention dont non-seulement ils ne peuvent se faire un moyen d'exonération, mais qui est punie contre eux d'un droit en sus ;

12° Attendu que la liquidation des droits réclamés n'est que provisoire et qu'il dépend des opposants d'en obtenir, s'il y a lieu, la rectification en produisant la correspondance et le billet ;

En ce qui concerne la solidarité :

13° Attendu qu'il n'y a pas lieu de rechercher seulement par qui les droits doivent être supportés, mais par qui ils doivent être acquittés ;

14° Attendu que le droit de timbre et l'amende sont dus solidairement par les opposants en vertu de l'article 75 de la loi du 28 avril 1816, *qui déclare solidaires pour le paiement des droits du timbre et des amendes les prêteurs et les emprunteurs*, et en vertu de l'article 21 de la loi du 24 mai 1834, qui dispose que les *contrevenants*, c'est-à-dire, dans l'espèce, le sieur Duchamp qui a souscrit un billet sur papier non timbré et la demoiselle Bérer, qui l'a accepté et en a fait usage, sont *solidaires pour le paiement des droits de timbre et des amendes ;*

15° Attendu, relativement au droit proportionnel d'enregistrement sur le billet, qu'il doit être acquitté *par les parties*, aux termes des articles 29, 30 et 31 de la loi de frimaire combinés, et interprétés par une jurisprudence depuis longtemps constante, en ce sens que chacune des parties ayant figuré à un acte est tenue de l'intégralité des droits, c'est-à-dire, dans l'espèce, le prêteur et l'emprunteur;

16° Attendu, quant au droit en sus :

Qu'il est pour les opposants la peine d'une faute commune consistant à n'avoir pas acquitté le droit d'enregistrement *in limine litis;* que cette obligation de payer le droit au début de l'instance incombait à la demoiselle Bérer, comme nantie du billet et demanderesse au procès, mais qu'elle était aussi imposée au sieur Duchamp comme souscripteur et débiteur apparent, tenu en sa qualité, aux termes des articles 23 et 31 de la loi de frimaire, sinon de supporter définitivement les droits, du moins d'en faire l'avance; que peu importe qu'il ne fût pas détenteur du titre invoqué contre lui; qu'il pouvait et devait au besoin, au moyen d'un incident, couvrir sa responsabilité et faire refuser l'audience à la demanderesse jusqu'à l'enregistrement de l'acte :

17° Attendu, relativement aux droits de la correspondance:

Qu'il résulte du jugement que les deux parties ont versé au procès des lettres qu'elles ne représentent pas ; qu'elles veulent ainsi échapper à la perception des droits par une infraction commune dont il est impossible de diviser la responsabilité; que chacune pouvait et devait s'opposer à la lecture des lettres produites par son adversaire, jusqu'à ce qu'elles eussent été enregistrées et visées pour timbre ;

18° Attendu, relativement aux droits sur le jugement, qu'aux termes des articles 29, 30, 31, 37 de la loi de frimaire, ils doivent être, suivant le cas, acquittés par le greffier, sauf son recours *contre les parties*, ou recouvrés directement par le receveur de l'Enregistrement *contre les parties*; que la loi ne fait, dans ces deux hypothèses, aucune distinction entre les parties qui ont figuré au jugement, pas plus qu'elle n'en fait entre les parties qui ont figuré dans un acte civil ; d'où il suit qu'elles sont tenues chacune pour le tout vis-à-vis de la Régie, sauf leur recours entre elles ; que, si la loi ne fait aucune distinction entre les parties quand il s'agit *d'acquitter* les droits, elle a bien soin, par une antithèse frappante, d'en établir plusieurs quand il s'agit de les supporter; ce qui établit clairement, surtout par la juxtaposition des textes, que les rapports des parties avec la Régie ne sont pas les mêmes que leurs rapports entre elles ;

19° Attendu qu'à raison des dispositions nombreuses que peut contenir un jugement, au milieu des circonstances diverses susceptibles de faire peser tout ou partie des droits sur l'un ou l'autre des plaidants et quelquefois sur plusieurs ou même sur tous, en présence de leurs contestations continuelles relativement à la charge fiscale qui doit leur incomber, il est impossible que le receveur de l'Enregistrement se constitue juge de la répartition de l'impôt entre eux et il importe qu'il ait une règle de perception simple et fixe lui indiquant clairement à qui il doit s'adresser; que telle est la raison d'être du principe en vertu duquel les droits sont recouvrés *contre les parties* sans distinction, soit par le greffier pour son propre compte, s'il en a fait l'avance, soit par le receveur pour le compte du Trésor (articles 30 et 37 loi de frimaire).

20° Attendu qu'aux droits sur le jugement proprement dit sont assimilés, pour l'exigibilité et le mode de perception réglé par les articles 29, 30, 37 de la loi de frimaire, les droits qui doivent être payés su moment de l'enregistrement du jugement (article 57 de la loi du 28 avril 1816); d'où il suit que, pour ce motif encore, la demoiselle Bérer et le sieur Duchamp doivent acquitter *in solidum* toutes les sommes afférentes aux divers éléments de perception compris dans la réclamation totale de 4,943 fr. 76 c.

21° Attendu qu'à un autre point de vue encore, chacun des opposants est tenu pour le tout du paiment des droits sur le jugement; car, d'un côté, la demoiselle Bérer doit supporter la conséquence du procès qu'elle a perdu et qui a donné naissance à ces droits; d'un autre côté, le jugement a profité à Duchamp, puisque, sur l'intervention dans l'instance d'un de ses créanciers, a été nommé un séquestre pour la liquidation de sa situation (article 31 loi de frimaire).

Par ces motifs :

Le tribunal,

Ouï en audience publique M. Dieu Labrasserie, juge dans son rapport;

Ouï aussi en audience publique M. Millevoye, substitut du procureur de la République, en ses conclusions orales;

Statuant en audience publique, contradictoirement et en dernier ressort:

Rejette l'opposition du sieur Duchamp et celle de la demoiselle Bérer;

Valide la contrainte de l'administration et condamne solidairement les opposants à lui payer la somme de 4,943 fr. 76 c.;

Donne acte aux parties de la réserve et de l'offre de l'administration d'augmenter ou diminuer la liquidation des droits suivant les productions ou justifications qui pourraient être faites ultérieurement;

Condamne les opposants aux dépens, liquidés à 84 fr. 40 c. non compris le coût et accessoires du présent jugement.

Ainsi fait et jugé en audience publique de la deuxième chambre du tribunal civil de première instance de Lyon, département du Rhône, siégeant au palais de justice de ladite ville de Lyon, place de Roanne, quai de l'Archevêché,

Du 28 du mois de juin 1878,

Par MM. Paul Lonchamp, vice-président de ce tribunal, président; Mᵉ Vachon, avocat, le plus ancien de ceux présents à la barre, en remplacement de M. Ribet, juge titulaire empêché; desjuges titulaires et des juges suppléants également empêchés, et Dieu Labrasserie, juge;

Et prononcé en présence de M. Millevoye, substitut de M. le procureur de la République;

Assistés de M. Lévêque, commis-greffier.

En foi de quoi la minute du jugement ci-dessus a été signée par le président et le greffier.

Signé : Paul LONCHAMP.

M. LEVÊQUE

En conséquence, le président de la République française mande et ordonne :

A tous huissiers, sur ce requis, de mettre le présent jugement à exécution;

Aux procureurs généraux, aux procureurs de la République près les tribunaux de première instance d'y tenir la main;

A tous commandants et officiers de la force publique de prêter main-forte lorsqu'ils en seront légalement requis.

En marge de la minute est transcrite la mention suivante :

Enregistré à Lyon (bureau des actes judiciaires), le 12 juillet 1878, folio 11, case 1re:

Reçu sur ;

1° Condamnation	25 50
2° Fixe	4 50
3° Pour deux décimes et demi	7 43
En tout	37 13

Signé : PÉRIDIER, receveur.

Pour expédition :

Le greffier, MATTHIEU.

L'an 1878, le 18 août, à la requête de M. le directeur général de l'Enregistrement, des Domaines et du Timbre, demeurant à Paris, palais du Louvre, pavillon Colbert, poursuites et diligences de M. Mazille Dorville, directeur du département du Rhône, demeurant à Lyon, rue de la Reine, n° 57, domicile élu dans ses bureaux, sis au dit lieu et au bureau de l'enregistrement des actes judiciaires, établi à Lyon, rue Tramassac, 38,

J'ai, Antoine Bret, huissier reçu au tribunal civil de Lyon, y demeurant, place Saint-Pierre, 2, soussigné, signifié : 1° à Mlle Bérer, sans profession, demeurant à Lyon, rue de la Préfecture, 2, en son domicile, parlant à elle-même; attendu que je l'ai trouvé fermé et que les voisins ont refusé sa copie, je l'ai remise à M. le maire du 2e arrondissement de Lyon, qui a visé le présent; 2° à M. Pierre-Eugène Duchamp, ancien notaire, propriétaire-rentier, demeurant à Lyon, rue du Plat, 12, en son domicile parlant; attendu que je l'ai trouvé fermé, que les voisins ont refusé sa copie, je l'ai remise à M. le maire du 2e arrondissement de Lyon, qui a visé le présent;

Un jugement contradictoire rendu contre eux au profit de l'administration requérante par la deuxième chambre du tribunal civil de Lyon, le 28 juin 1878, enregistré et expédié.

Et, en vertu de ce jugement, je leur ai fait commandement de payer solidairement à ladite administration :

1° La somme de 4,943 fr. 76 c., capital des condamnations prononcées par ledit;

2° Celle de 84 fr. 40 c., montant des dépens liquidés;

3° Le coût dudit jugement et des présentes;

Leur déclarant qu'à défaut de paiement dans le délai légal ils y seraient contraint par toutes les voies de droit;

Et je leur ai à chacun remis copie du jugement et du présent exploit. Coût, je dis 21 fr. 90 c., compris 6 fr. pour quatre feuilles et 1 fr. 20 c., et deux demi-feuilles de 60 centimes, autres copies. Quatre mots nuls rayés après.

Enregistré à Lyon, le 21 août 1878. Reçu 1 fr. 88 c.; folio 54, case 20, minute 4,240.

La soussignée a seule supporté les charges du jugement du 28 juin 1878, la direction du Rhône, l'ayant seule poursuivie jusqu'à la saisie, jusqu'à la vente si elle n'eût préféré payer.

Lorsque la soussignée vit, en décembre 1878, le directeur au département du Rhône, alors M. Nazières-Dorville, pour lui demander si c'était sérieux que l'Etat la fît vendre pour le paiement des droits dus sur un jugement dont elle n'avait pas connaissance :

— Nous n'avons fait une instance que pour cela, et je ne peux poursuivre Duchamp : il n'a rien de saisissable et habite chez sa femme, à qui tous les immeubles de la communauté, comme vous savez, ont été ou attribués ou acquis par elle, et j'ai des ordres supérieurs de vous faire payer ou vendre. Choisissez.

Ce que le directeur ne disait pas et ce que la soussignée savait, c'est que, le 9 avril 1878, la direction du Rhône avait laissé donner mainlevée d'une saisie-arrêt faite par elle, chez Me Damour, séquestre, pour la récupération, des poursuites qu'elle avait intentées, le 29 décembre 1876, contre P.-E. Duchamp, pour l'enregistrement et les droits à percevoir sur son jugement du 10 mars 1875.

Interpellé à ce sujet par la soussignée, le directeur répondit : Nous ne pouvions empêcher la femme du sieur Duchamp de prendre chez le séquestre des biens de son mari les sommes lui appartenant ; mais, fit observer la soussignée, le séquestre avait également des sommes à votre poursuivi, et c'est sur ces sommes que votre saisie-arrêt portait ?

Le directeur a balbutié on ne sait quoi.

La direction du Rhône a donc laissé donner mainlevée contre elle dans le moment même où elle attendait le résultat de ses poursuites. Le jugement du 28 juin eût pu écarter la soussignée, et condamner seul le notaire responsable de ses actes à payer, pour l'enregistrement d'un jugement dont il bénéficie et pour les amendes encourus par un titre de créance souscrit sur papier non soumis aux droits : le délit professionnel est flagrant.

Où aurait pris, en ce cas, la direction du Rhône pour faire percevoir au Trésor le montant de ses poursuites. On serait tenté de croire que le jugement était connu d'avance.

L'acte de référé du 9 avril marque que mainlevée de la saisie-arrêt de la direction du Rhône est demandée en vertu de ce que ladite administration n'a pas fait le nécessaire pour que son opposition soit valable. Ainsi, en ce cas, non-seulement la soussignée a été solidaire et responsable des actes de notaire en contravention des lois, mais elle est responsable de l'incurie d'une administration ne régularisant pas ses poursuites.

La direction était si accommodante pour P.-E. Duchamp qu'elle ne releva pas la déclaration erronée suivante, mise à l'acte de référé du 9 avril 1878, qu'on pourra voir à l'acte qui fait suite :

« Attendu que, pendant le cours de tous ces faits, Me Damour, sur « la demande de M. et Mme de Lachesnais, a été nommé séquestre des « facultés immobilières de Duchamp, par ordonnance de référé « rendue par M. le président du tribunal civil le 31 août 1875. »

La direction du Rhône, pour démontrer l'erreur de cette ordonnance, n'avait qu'à invoquer le jugement du 10 mars 1875, nommant le séquestre et pour l'enregistrement duquel elle était en instance devant la deuxième chambre civile.

ACTE DE RÉFÉRÉ DU 9 AVRIL 1878

Acte de référé du 9 avril 1878 adressé, au nom de l'épouse Duchamp, à la direction générale de l'Enregistrement, des Domaines et du Timbre, pour avoir main-levée de sa saisie-arrêt :

L'an mil huit cent soixante-dix-huit et le six avril, à la requête de Mme Adélaïde Bonnet, épouse séparée quant aux biens de Pierre-Eugène Duchamp, ancien notaire, avec lequel elle est domiciliée à Lyon, rue du Plat, n° 12, laquelle fait élection de domicile en l'étude et au besoin constitution d'avoué en la personne de Me Galliot, avoué près le tribunal civil de première instance de Lyon, où il demeure, quai de la Pêcherie, n° 11, je, Clément Verney, huissier reçu au tribunal civil de Lyon, y demeurant, rue Mercière, 40, soussigné, certifie avoir donné assignation : 1° à la demoiselle Bérer, rentière, demeurant à Lyon, rue de la Préfecture, en parlant dans son domicile à une personne à son service ;

2° Et à autres par copies séparées ;

Pour comparaître, le mardi 9 avril prochain, à midi, devant M. le président du tribunal civil de Lyon, tenant l'audience des référés, dans une des salles du palais de justice de ladite ville ;

Aux fins :

Attendu que la requérante a été séparée de biens d'avec M. Pierre-Eugène Duchamp, son mari, par un jugement du tribunal civil de Lyon en date du 4 février 1875 ;

Attendu que la validité de cette vente a été contestée par M. et Mme de Lachesnais, créanciers de M. Duchamp, qui étaient intervenus dans l'instance en séparation de biens et en liquidation des reprises de la requérante ;

Attendu qu'un arrêt de la cour d'appel de Lyon en date du 9 décembre 1876, infirmatif en ce point d'un jugement du tribunal, a accordé à M. et Mme de Lachesnais la faculté de faire mettre aux enchères, si bon lui semblait, les immeubles vendus et de les faire adjuger au plus offrant;

Mais attendu que, par un acte passé, le 10 août 1877, devant Me Ducruet et son collègue, notaires à Lyon, M. et Mme de Lachesnais ont renoncé à cette faculté et ont consenti à ce que la dite vente fût maintenue et à ce qu'en vertu de son hypothèque légale, la requérante s'en appliquâ le prix à valoir sur ses créances matrimoniales;

Attendu que les sieurs Bernard et Perrin, les sieurs Latournerie et Luneteau et le sieur Malterre, autres créanciers de M. Duchamp, qui étaient aussi intervenus dans l'instance précitée, ont fait une pareille renonciation par un acte sous-seing privé en date du 26 juin 1877, déposé le 10 août suivant aux minutes de Me Ducruet, qui l'a fait enregistrer;

Attendu que, pendant la cause de tous ces faits, Me Damour, sur la demande de M. et de Mme de Lachesnais, a été nommé séquestre des facultés mobilières et immobilières de M. Duchamp par une ordonnance de référé rendue par M. le président le 31 août 1875;

Attendu qu'en cette qualité, Me Damour a reçu et reçoit encore les loyers de la maison sise à Lyon, cours Vitton, n° 20;

Attendu que les créanciers qui ont formé des oppositions entre les mains dudit Me Damour sont : 1° M. et Mme de Lachesnais; 2° M. Bellefonds, négociant, demeurant à Lyon, rue de Berry; 3° l'administration de l'Enregistrement et des Domaines; 4° M. Ribet; et 5° la demoiselle Bérer;

Attendu que l'opposition de M. et de Mme de Lachesnais, en ce qui touche les loyers de la maison sise cours Vitton, n° 20, a cessé d'exister dès le moment où ils ont reconnu la requérante pour propriétaire de cette maison; que, d'ailleurs, par l'acte du 10 août 1877, M. et Mme de Lachenais ont donné mainlevée du séquestre et ont consenti à ce que Me Damour se libère entre les mains de la requérante de toutes les sommes dont il peut être détenteur;

Attendu que M. Bellefonds a donné mainlevée de son opposition par un acte sous-seing privé en date du 20 mars dernier, enregistré le   par Me   au droit de

Attendu que l'administration de l'Enregistrement et des Domaines, M. Ribet et Mlle Bérer ne sont pas intervenus dans l'instance en séparation de biens de la requérante, et que le délai d'une année, pendant lequel, aux termes de l'art. 873 du Code de procédure civile, ils auraient pu se pourvoir par une opposition, est depuis longtemps expiré;

Attendu, en ce qui concerne spécialement la demoiselle Bérer, qu'un jugement, en date du 13 mars dernier, a fait mainlevée de son opposition;

Attendu qu'aux termes de l'acte du 19 avril 1875, la requérante a dû entrer en jouissance de la maison du cours Vitton le jour même de ces actes; que, dès lors, tous les loyers courus depuis cette date sont sa propriété;

Attendu que cette maison est grevée d'un privilége pour un solde de prix à un précédent vendeur, mais que la requérante a pris ce solde à sa charge, qu'elle en sert les intérêts et qu'elle continuera de les servir jusqu'à ce quelle paye le capital lui-même;

Ouïr dire que Mᵉ Damour sera tenu de verser dans les mains de la requérante toutes les sommes par lui reçues des locations de la maison sise à Lyon, cours Vitton, nº 20, pour loyers courus depuis le 19 avril 1875, date à laquelle la requérante est devenue propriétaire de cette maison;

Ouïr dire que, moyennant la quittance que la requérante lui doit desdits loyers, il sera bien et valablement déchargé;

Ouïr dire que la requérante recevra directement tous les loyers encore dus pour les locations de ladite maison pour le temps écoulé depuis ledit jour 19 avril 1875 et tous ceux qui écherront à l'avenir;

Ouïr dire que tous contestants seront condamnés aux dépens; qu'il sera, dans tous les cas, permis à la requérante de retirer en accessoires de ses reprises;

Et afin que la susnommée n'en ignore, je lui ai, en parlant comme ci-dessus est dit, donné et laissé copie de mon présent exploit, dont le coût est de 9 fr. 25 c., me concernant aux copies 6 fr. timbre spécial.

VERNEY.

M. le directeur au département du Rhône, qui n'avait qu'à démontrer le jugement du 10 mars 1875, pour lequel il était en instance devant la deuxième chambre civile, pour pouvoir obtenir du président des référés le maintien de sa saisie-arrêt chez Mᵉ Damour, séquestre a laissé donner mainlevée, ne pouvant s'opposer à ce que la femme Duchamp retire en son nom, de chez le séquestre des biens de son mari, les sommes sur lesquelles l'administration de l'Enregistrement pouvait régulièrement percevoir les droits dus sur le jugement du 10 mars 1875; et comme logique, M. le directeur au département du Rhône, qui n'a pu faire maintenir sa saisie-arrêt chez le séquestre du délinquant qu'il poursuivait parce que c'était gêner son épouse qui n'était en cause en l'espèce, a fait former une opposition à deniers sur le produit de la vente forcée faite, au nom de la femme Duchamp, chez la soussignée, le 14 décembre 1878, pour l'exécution de son jugement de défaut du 13 mars 1878, afin, comme l'acte suivant le porte, avoir paiement de 4.943 fr. 96 c., montant de la condamnation prononcée contre la demoiselle Bérer, le 28 juin 1878, par la deuxième chambre civile du tribunal de Lyon. Ici la vérité se fait jour. (Condamnation contre la demoiselle Bérer.)

De solidarité, il n'est plus même question. C'est bien seule la soussignée qui a été visée et condamnée à payer le 28 juin 1878 le montant des sommes réclamées par la régie.

Saisir une somme de 335 fr. et donner mainlevée de sommes représentant plus que le montant de la contrainte décernée le 29 décembre 1876, sans retenir le montant des poursuites en exercice.

OPPOSITION A DENIERS

SUR SOMMES REVENANT A DAME DUCHAMP APRÈS VENTE FORCÉE CONTRE DEMOISELLE BÉRER

L'an 1878 et le 16 décembre, à la requête de M. le Directeur général de l'Enregistrement, des Domaines et du Timbre, à Paris, palais du Louvre, pavillon Colbert, poursuites et diligences de M. Mazille Dorville, directeur du département du Rhône, demeurant à Lyon, rue de la Reine, 57, lequel fait élection de domicile à Lyon, au bureau des actes judiciaires, sis rue Tramassac, 38,

Je soussigné, Antoine Bret, huissier reçu au tribunal civil de Lyon, y demeurant place Saint-Pierre, 2, ai signifié et déclaré à M. Thevenet, commissaire-priseur demeurant à Lyon, quai de l'Hôpital, 21, en son domicile, parlant à lui-même, ainsi déclaré, qui a reçu copie et visé le présent :

Que le requérant s'oppose formellement à ce qu'il se dessaisisse, paie ni vide ses mains d'aucunes sommes, effets, deniers ou autres choses quelconques qu'il peut devoir ou devra par la suite à n'importe quel titre à Mlle Jeanne Bérer, sans profession, demeurant à Lyon, rue de la Préfecture, 2, et notamment du produit de la vente judiciaire à laquelle il a procédé au préjudice de cette dernière ;

Lui faisant défenses de se libérer des dites sommes hors le concours ou la participation du requérant ou lui dûment appelé, à peine de mauvaise libération et de payer deux fois et de tous dépens et dommages-intérêts.

La présente opposition est faite pour sûreté et avoir paiement : 1° de la somme de 4,943 fr. 75 c., principal des condamnations prononcées au profit de l'administration requérante contre la demoiselle Bérer par jugement du tribunal civil de Lyon du 28 juin dernier, enregistré et expédié en forme exécutoire ; 2° et des frais de la présente opposition. Sous toutes réserves.

Et j'ai remis au susnommé copie du présent exploit en domicile et parlant comme dessus.

Coût : 6 fr. 60 c., y compris 0,60 c. pour une demi-feuille de timbre spécial.

Reçu copie en mon bureau, à Lyon le 16 décembre 1878.

THÉVENET.

Enregistré à Lyon, le 16 décembre 1878, f° 13, c° 10. Reçu 1 fr. 88 c.

(*Illisible.*)

ANNONCE DE LA SÉPARATION DE BIENS

DES MARIÉS DUCHAMP

Etude de Me Galliot, avoué à Lyon, y demeurant, quai de la Pêcherie, 11.

D'un exploit de l'huissier Ternoire, de Lyon, du vingt-neuf décembre mil huit cent soixante-quatorze, enregistré,

Il résulte :

Que madame Adélaïde Bonnet, épouse du sieur Pierre-Eugène Duchamp, propriétaire, demeurant à Lyon, rue du Plat, 12, a formé contre ledit sieur Duchamp sa demande en séparation de biens et en liquidation de ses reprises.

Me Gaillot, avoué près le Tribunal civil à Lyon, y demeurant, quai de la Pêcherie, 11, occupe et occupera pour Mme Duchamp.

Pour extrait conforme,

Signé : GALLIOT, avoué.

Le jugement de séparation fut prononcé le 4 février 1874, avant qu'aucun des procès en instance contre Duchamp ne fussent jugés.

La démonstration de ce qu'on voulait est faite : aider les époux Duchamps à retirer de chez Me Damour, séquestre, les sommes garanties de poursuites, garantie d'une créance.

La soussignée a cherché inutilement au jugement du 28 juin 1878. l'arrêt de la Cour suprême en l'attente duquel de Paris dépêche avait été envoyée à la direction du Rhône de suspendre les poursuites commencées entre elle et la soussignée.

Cet arrêt n'a été rendu que le 3 février 1879.

Ce n'est pas, comme le dit l'avertissement de la Régie de septembre 1877, un arrêt pour savoir si les droits d'enregistrement des actes produits encours d'instance doivent être réclamés à toutes les parties en cause.

L'arrêt attendu visait qui des parties devait être poursuivie pour le recouvrement des droits d'un jugement non enregistré.

Voici, relevé au Répertoire des lois de février 1879, l'arrêt rendu par la Cour de cassation :

RÉPERTOIRE PÉRIODIQUE DE L'ENREGISTREMENT

RECUEIL MENSUEL DE TOUTES LES DÉCISIONS ADMINISTRATIVES ET JUDICIAIRES SUR L'ENREGISTREMENT ET LE TIMBRE COMPARÉES AVEC LE DROIT CIVIL, FAISANT SUITE AU RÉPERTOIRE GÉNÉRAL,

Par M.-D. GARNIER, conseiller-maître à la Cour des comptes, ancien député au Corps législatif, ancien employé de l'Enregistrement et des Domaines.

TOME VINGT-SIXIÈME

Art. 5162

Acte judiciaire. — Payement des droits. — Solidarité. — Partie qui profite. — Conclusions orales. — Ministère public.

La formule suivante d'un jugement : « Ouï le juge en son rapport, vu les mémoires signifiés, ensemble en ses conclusions le procureur de la République », constate suffisamment que le ministère public a été entendu dans ses conclusions orales.

Voici l'arrêt que l'administration devait attendre avant de poursuivre la soussignée.

Le recouvrement des droits d'un jugement non enregistré ne peut être poursuivi contre toutes les parties, mais seulement contre celle des parties qui profite du jugement et qui était tenue, à ce titre, d'effectuer entre les mains du greffier, à peine d'un droit en sus, la consignation des droits.

(*Arrêt de la Cour de cassation* (*ch. civile*) *du* 3 *février* 1879.)

Dans ce cas, non-seulement la direction du Rhône n'aurait pas poursuivi régulièrement : mais elle aurait laissé de côté complétement un des bénéficiaires du jugement du 10 mars 1875, parfaitement solvable et saisissable au besoin M. de Lachesnais, créancier intervenant au procès en remboursement.

M. le directeur, sur la demande que lui fit la soussignée à ce sujet, répondit qu'il avait reçu ordre de ne pas le poursuivre.

En un mot, la direction du Rhône, n'a reçu d'ordres formels que contre la soussignée, et ils ont été fidèlement exécutés.

Le jugement du 28 juin 1878 condamne la soussignée solidairement avec P.-E. Duchamp pour le montant des droits à percevoir, soit 5,200 fr., parce que, dit le jugement, il existe un titre de 50,000 fr. souscrit en contravention des lois.

Voici donc le résultat des deux jugements rendus, l'un au profit des époux Duchamp, l'autre au profit du Trésor public.

L'un, condamne la soussignée parce qu'elle n'a pas de titre de créance, et que, par cousóquent, elle ne peut-être créancière des sommes pour lesquelles elle a fait former saisie-arrêt contre son débiteur,

L'autre la condamne parce qu'il existe un titre de créance de 50,000 fr. dont la soussignée a demandé aux tribunaux le remboursement en 1874-75.

Les bénificiaires de ces deux jugements pour et contre firent pour ainsi dire d'ensemble les formalités pour arriver à la saisie et à la vente.

Acte de vente et de saisie au nom d'Adélaïde Bonnet, épouse du sieur Duchamp :

VENTE FORCÉE

Me Thevenet, commissaire-priseur à Lyon.

AU NOM DE DAME ADÉLAIDE BONNET, ÉPOUSE DUCHAMP

Extrait du registre des déclarations préalables aux ventes de meubles tenu au bureau d'enregistrement de Lyon, du 14 décembre 1878. A comparu M. Thévenet, commissaire-priseur à Lyon, lequel a déclaré que cejourd'hui, à onze heures, place de la Préfecture, à Lyon, il procédera à la vente aux enchères d'objets saisis au préjudice de Mlle Bérer sur requête de dame Bonnet. Le comparant a requis acte et a signé. Pour copie conforme, le receveur, signé ; Barrion.

L'an 1878, le samedi 14 décembre,

A la requête de dame Adélaïde Bonnet, épouse séparée, quant aux biens, de M. Duchamp, ancien notaire, avec lequel elle demeure à Lyon, rue du Plat, n° 12, et dudit M. Duchamp, agissant pour autoriser son épouse.

Agissant comme créancière de demoiselle Bérer, rentière, demeurant à Lyon, rue de la Préfecture, 2, en vertu d'un jugement de débouté d'opposition, rendu le 11 juin dernier, par la deuxième chambre du tribunal civil de Lyon, confirmant un jugement de défaut faute de conclure, rendu le 13 mars dernier, par la première chambre du dit tribunal, tous les deux enregistrés, expédiés en grosse exécutoire et signifiés avec commandement par exploit de l'huissier Verney, de Lyon, le 3 septembre dernier, enregistré,

Pour la somme de 56 fr. 90 c., montant des dépens liquidés du jugement du 13 mars dernier; 2° pour la somme de 78 fr. 65 c., coût d'icelui-ci et accessoires; 3° pour la somme de 31 fr. 30 c., montant des dépens liquidés au jugement du 11 juin suivant; 4° celle de 38 fr. 95 c., coût des qualités, minute et expédition de ce jugement; 5° celle de 6 fr. 75 c., montant de l'exploit de notification d'icelui; 6° et celle de 15 fr. 85 c., coût du commandement précité; ensemble 228 fr. 40 c.

Vu : 1° les grosses desdits jugements et le commandement précités;

2° Un procès-verbal de saisie-exécution dressé par Me Verney, huissier à Lyon, le 4 décembre courant, contenant désignation des objets saisis au préjudice de Mlle Bérer et dénonciation de la vente à cette dernière;

3° Un procès-verbal d'affiches dressé par Me Verney, huissier à Lyon, le 12 décembre courant, constatant que des affiches annonçant ladite vente ont été apposées dans les lieux voulus par la loi;

4° Un exemplaire du journal le *Moniteur judiciaire de Lyon*, le 12 décembre courant, contenant l'insertion de ladite vente, enregistrée le 14, f° 145, c° 4, par M. Arnal qui a perçu les droits;

Toutes ces pièces et formalités dûment enregistrées et régularisées;

Nous, Benoît Thévenet, commissaire-priseur à Lyon, assisté de MM. Garde et Payet, nos témoins requis, tous deux domiciliés à Lyon, nous nous sommes transporté à Lyon, place de la Préfecture, désignée aussi place des Jacobins, où étant arrivé, nous avons procédé, en la continuelle présence de Mlle Bérer, à ladite vente ainsi qu'il suit :

Un garde-cendre bronze, adjugé, après diverses enchères, 335 fr. à M. Frédéric Knoblock, marchand, demeurant à Lyon, rue Servient, n° 5, ci.. 335 »

Et attendu que cette somme est suffisante pour couvrir la requérante en capital et frais, nous avons clos le présent procès-verbal, que nous avons signé, avec nos témoins, après lecture.

Signé : PAYET, J. GARDE, THÉVENET.

En marge est cette mention : Sans opposition.

Suit cette mention : Enregistré à Lyon, le 18 décembre 1878, f° 1, c° 2. Reçu 8 fr. 50 c., décimes compris. Signé F. Barrion.

Expédition collationnée délivrée à Mlle Bérer, sur sa réquisition, par le commissaire-priseur soussigné.

THÉVENET.

AFFICHE DE LA VENTE POUR LE COMPTE DE LA FEMME DUCHAMP

VENTE FORCÉE

Le 14 décembre courant, à onze heures du matin, sur la place des Jacobins, vente d'objets saisis consistant en : canapé, fauteuils, pendules, chaises, glaces, bahuts, table magnifique, bibliothèque vieux bois, livres, environ 200 volumes, etc., annexé au procès-verbal ci-joint.

4 décembre 1879.

VERNEY, huissier.

SAISIE AU NOM DE L'ENREGISTREMENT DES DOMAINES ET DU TIMBRE

L'an 1878, le 28 décembre, en vertu d'un jugement rendu par le tribunal civil de Lyon, le 28 juin dernier, enregistré et expédié en forme exécutoire, signifié avec commandement par mon exploit, enregistré le 19 août dernier, à la requête de M. le directeur général de l'Enregistrement, des Domaines et du Timbre, demeurant à Paris, palais du Louvre, pavillon Colbert, poursuites et diligences de M. Maziières-Dorville, directeur au département du Rhône, demeurant à Lyon, rue de la Reine, 57, domicile élu dans ses bureaux, sis audit lieu, et au bureau de l'Enregistrement des actes judiciaires, établi à Lyon, rue Tramassac, 38, je, autorise Bret, huissier reçu au tribunal civil de Lyon, y demeurant, place Saint-Pierre, 2, soussigné, certifie avoir fait itératif commandement à Mlle Jeanne Bérer, sans profession, demeurant à Lyon, rue de la Préfecture, 2, de sur-le-champ payer à l'administration requérante et pour elle à moi huissier chargé de recevoir : 1° la somme de 4,943 fr. 76 c., capital des condamnations prononcées par ledit jugement; 2° celle de 84 fr., solde montant des dépens liquidés ; 3° le coût dudit jugement, de la signification et des présentes; lui déclarant qu'à défaut de paiement je vais à l'instant l'y contraindre par la saisie-exécutoire de ses facultés mobilières. En parlant dans son domicile susdit, où je me suis exprès transporté, accompagné des témoins ci-après nommés, et elle-même m'a répondu qu'elle paiera dans la journée les sommes réclamées.

A défaut de paiement j'ai de suite saisi-exécuté, mis et réduit sous la main de la loi et de la justice : dans la salle à manger, une table ronde bois dur, un buffet verni avec deux glaces dans la partie supérieurs, six chaises vieux chêne sculpté garnies en velours vert, un calorifère en faïence, une peinture, quatre gravures sous verre, deux rideaux damas vert avec leurs accessoires ; dans un salon, un buffet bois avec panneaux peinture, incrustation cuivre dans un marbre, deux paires rideaux damas rouge et velours, leurs embrasses, baldaquin doré et accessoires, une glace à biseau avec cadre doré antique avec fronton, une glace de un mètre cinquante centimètres de hauteur cadre doré avec guirlande, un cabaret en verre, une table carrée vieux chêne sculpté avec quatre pieds, une pendule marbre noir garniture cuivre, sujet bronze (Psyché), deux grands candélabres en bronze à cinq bougies, deux vases cristal, un garde-cendre en bronze, un canapé, deux fauteuils, quatre chaises acajou couvertes en velours rouge gaufré, une bibliothèque vieux chêne sculpté à deux corps vitrés, deux cents volumes ouvrages divers, deux petits tapis ; dans une chambre à coucher, une armoire à glace en palissandre avec fronton, une table à toilette en palissandre, garniture marbre blanc, une glace de 1 mètre 50 cadre noir arrondi, une belle pendule antique, deux lampes carcel creuse, une table de nuit, deux chaises capitonnées, deux paires grands rideaux étoffe laine grise, baldaquin, embrasses et accessoires, un ciel de lit avec rideaux laine grise ; dans la cuisine, une volière, une table sapin, etc., etc.

Cela fait, j'ai laissé lesdits objets saisis au pouvoir et à la garde de Mlle Jeanne Bérer, à charge par elle de les représenter à toutes les réquisitions de justice, aux peines de droit. De suite j'ai dénoncé la vente de ces objets pour avoir lieu, à défaut de paiement, le samedi 11 janvier prochain, à onze heures du matin, sur la place des Jacobin. sommant la prénommée d'y assister. Dont acte, duquel j'ai de suite remis copie. Fait et dressé en présence de MM. François Gariaud et Pierre Berthet, tous deux légistes, demeurant à Lyon, mes deux témoins requis et soussignés. Coût, 21 fr., y compris 60 centimes pour le timbre de la copie.

Signé : Bret.

F. Gariaud.

P. Berthet.

Enregistré à Lyon, le 30 décembre 1879.

Reçu 1 fr. 88 c.

La veille ou l'avant-veille de la vente forcée au nom de la direction générale de l'Enregistrement, des Domaines et du Timbre, un clerc de Me Bret, huissier, vint demander à la soussignée si elle laissait vendre.

Ladite lui ayant demandé pourquoi il lui venait faire cette question : « C'est pour l'apposement des affiches semblables à celle que je vous remets », et le clerc remettait à la soussignée une petite affiche jaune.

Plus tard était remise à la soussignée, avec le procès-verbal d'affiche, l'affiche sur papier timbré telle qu'elle est mentionnée sur papier jaune, laissée à la soussignée et apposée sur les murs de Lyon pour annoncer la vente de son mobilier saisi par la direction des Domaines et du Timbre:

VENTE FORCÉE

Le samedi onze janvier courant, à onze heures du matin, sur la place des Jacobins, à Lyon, d'objets saisis, consistant en : canapé, fauteuils, pendules, chaises, glaces, buffet, tables, bibliothèque, armoire à glace, table à toilette, garnitures de cheminées, etc.

Annexé au procès-verbal ci-joint, le 8 janvier 1879.

BRET.

PROCÈS-VERBAL D'AFFICHE

L'an mil huit cent soixante-dix-neuf et le huit janvier, à la requête de M. le directeur général de l'Enregistrement, des Domaines et du Timbre, demeurant à Paris, palais du Louvre, pavillon Colbert, pour suites et diligences de M. Mazille Dorville, directeur au département du Rhône, demeurant à Lyon, rue de la Reine, 57, domicile élu dans ses bureaux, sis audit lieu, et au bureau de l'enregistrement des actes judiciaires, établi à Lyon, rue Tramassac, 38,

Je, soussigné, Antoine Bret, huissier, reçu au tribunal civil de Lyon, y demeurant, place Saint-Pierre, 2, certifie avoir fait afficher en ma présence, en la ville de Lyon, ses faubourgs et dans tous les endroits désignés par la loi, des placards timbrés manuscrits semblables à celui ci-annexé, annonçant pour le samedi 11 janvier courant, à onze heures du matin, sur la place des Jacobins, à Lyon, la vente aux enchères publiques et au comptant de divers objets mobiliers saisis, par mon procès-verbal du 28 décembre dernier, au préjudice de Mlle Jeanne Bérer, sans profession, demeurant à Lyon, rue de la Préfecture, 2.

Dont acte, coût cinq francs 50 cent.

BRET.

Enregistré à Lyon, le 10 janvier 1879. Reçu 1 fr. 88 c., f. 181, c° 8.

Signature illisible.

L'affiche murale n'indique pas que la vente dût avoir lieu à la requête de la direction générale de l'Enregistrement des Domaines et du Timbre et en vertu de quel jugement.

La soussignée laissa saisir par la direction de l'Enregistrement pour protester et ne payer que saisie et contrainte par la vente forcée; de même elle laissa vendre une parcelle de son mobilier par la femme de P.-E. Duchamp, pour protester comme elle le pouvait contre un jugement basant sa condamnation d'après des faits radicalement faux, et, de plus, contre un jugement rendu de force ou par surprise contre avoué occupant mais n'ayant censé rien à opposer aux dires de ses adversaires.

Voici le reçu délivré, par le receveur aux actes judiciaires, à la soussignée, payant pour les droits dus sur le jugement du 10 mars 1875, devant trois témoins majeurs et ayant l'exercice de leurs droits civils.

BUREAUX. — 1228. — LYON (Actes judiciaires).

Reçu délivré par M. Péridier, receveur de l'Enregistrement, des Domaines et du Timbre, rue Tramassac, à Lyon, à Mlle Bérer, rentière.

Je soussigné, receveur de l'enregistrement au bureau des actes judiciaires de Lyon, reconnais avoir reçu de Mlle Bérer, sans profession, demeurant à Lyon, rue de la Préfecture, 2, la somme de cinq mille deux cent trois francs quatre-vingt-un centimes, suivant le détail ci-après, savoir :

1° Quatre mille neuf cent quarante-trois francs soixante-seize centimes montant des droits simples, des droits en sus et des amendes de timbre dus sur un jugement du tribunal civil de Lyon du 10 mars 1875 entre elle et M. Duchamp, ancien notaire. Lesdits droits liquidés par jugement du même tribunal du 28 juin 1878, qui condamne solidairement M. Duchamp et Mlle Bérer au paiement desdits droits.. 4.943 76

2° Deux cent cinquante-neuf francs quatre-vingts centimes, montant des frais exposés jusqu'à ce jour......... 259 80

3° Vingt-cinq centimes pour timbre de la quittance...... 0 25

Total........ 5.203 81

Sous réserve par Mlle Bérer, qui a seule payé de ses deniers personnels la somme ci-dessus, de poursuivre contre M. Duchamp le remboursement desdits droits.

Lyon, le 9 janvier 1879.

PÉRIDIER

L'administration, comme on voit, passe procuration pour faire percevoir régulièrement les droits dus sur un jugement dont la soussignée n'a pas encore la signification.

L'idée de justice était si profondément enracinée chez la soussignée, malgré ce qu'elle voyait, qu'elle voulut encore essayer de s'adresser à son représentant suprême.

Saisie deux fois, deux fois prête à être vendue pour l'exécution de jugements se donnant un démenti formel sur le fond d'une même cause, la soussignée pensa-t-il est impossible qu'un ministre permette que ses tribunaux commettent, ou qu'on leur fasse commettre une pareille aberration pour leur propre dignité.

Elle réunit, dans le courant de décembre 1878, les jugements pour et contre de ses procès, les saisies *ad hoc,* des documents prouvant cette situation civile anormale, causes d'autant de facilité d'exécuter contre une personne isolée les plus criantes injustices, rappela au ministre sa plainte portée contre P.-E. Duchamp, restée sans effet; en un mot, exposa qu'elle était traquée férocement pour la jeter au désespoir, parce qu'il ne convenait pas aux tribunaux soit criminel, soit civil, de la protéger contre l'infamie et la spolation venant d'un homme ayant des attaches assez puissantes pour qu'on veuille faire la nuit à tout prix sur ses actes coupables, et intitula sa requête : *demande de justice.*

Le ministre de la justice répondit ou plutôt fit répondre à la soussignée par l'entremise d'un commissaire de police.

Dans les premiers jours de janvier 1879, la soussignée trouva dans sa boîte un morceau de papier, écrit au crayon, sur lequel était ces mots : Prière à Mme Bérer de passer à neuf heures au commissariat de police, impasse Savoie, pour affaire qui la concerne.

La soussignée envoya demander ce dont il s'agissait. Il fut répondu que c'était pour lui rendre des documents qu'elles avait adressés au ministre de la justice

La soussignée fit dire qu'on voulût bien les lui envoyer.

Le soir même, un monsieur vint chez la soussignée et lui remettait de la part de M. Dufaure, alors ministre, lesdites pièces, et demandait un reçu de ce qu'il rendait, reçu délivré en ces termes :

» Reçu de M. le commissaire de police, impasse Savoie, les pièces,
» documents que j'ai adressés, dans le courant de décembre dernier,
» à M. le garde-des-sceaux, ministre de la justice, place Vendôme,
» hormis la demande de justice.
» Lyon, le 9 janvier 1879.

» BÉRER. »

Lesdites pièces étaient enveloppées d'une feuille imprimée et écrite par places, dans laquelle il fut donné à la soussignée de lire :

« Je ne révise pas les jugements de mes tribunaux. »

Le garde-des-sceaux,
DUFAURE.

La soussignée demanda à ce que cet imprimé ministériel lui fût laissé. L'envoyé du commissariat ou le commissaire lui-même, la personne qui remettait les pièces n'ayant pas dit qui elle était, refusa de se dessaisir de la feuille. Tout était inutile, hélas ! Toutes ces condamnations ont pour cause cette première condamnation civile qui frappe et exclue de certains droits les bâtards en naissant.

Admettons une famille à la soussignée, une protection légale, un patrimoine régulier, les tribunaux n'eussent pu permettre ni cette spoliation ni ces actes diffamatoires et frauduleux sous lesquels s'est abrité un ancien fonctionnaire public, et ledit fonctionnaire n'eût osé entreprendre ce qu'il a entrepris sans cette situation qu'il connaissait et qu'il a exploitée.

Que MM. les législateurs veuillent bien encore continuer, pour éclairer leur religion en cette affaire sur ce qui peut non-seulement être tenté, mais exécuté, pour avoir raison d'une personne ayant eu confiance dans les tribunaux et ayant honoré MM. les dépositaires des lois au point de les croire incapables, une fois instruits, de ne pas faire bonne et franche justice, au point de s'être crue en sécurité, une fois qu'elle a eu porté à leur connaissance les faits coupables qui se commettaient pour la dépouiller et la faire passer pour une aventurière vivant impudemment d'exactions.

La soussignée, en 1877-78, adressa au ministre de la justice requête et mémoire pour obtenir justice, oubliant que les ministres, occupés des intérêts généraux d'un Etat, ne peuvent s'occuper des affaires individuelles, malgré que les faits individuels les éclaireraient quelquefois sur la façon dont leurs subordonnés marchent.

La soussignée, en outre, envoya un mémoire en août 1878, au ministère des finances, section de l'enregistrement, des domaines et du timbre, pour démontrer en quoi elle se trouvait injustement poursuivie et condamnée pour fait notariel, joignant à son mémoire le jugement du 28 juin, les divers avertissements de la direction du Rhône. Elle finissait en disant que, n'ayant pas trouvé au jugement du 28 juin l'arrêt de la cour de cassation ayant motivé la dépêche émanant de Paris du 26 septembre 1877. Nul doute, ajoutait-elle, que la direction n'ait en main cet arrêt, sans cela la longueur mise entre la suspension et la reprise des poursuites de la direction n'aurait été faite que pour donner à l'ex-notaire Duchamp le temps de débarrasser sa situation et faire retomber sur elle tout le poids du jugement. La soussignée expliquait ce qui a été dit ici de la situation que s'était créée Duchamp depuis sa séparation de biens. Ce mémoire motiva l'avertissement suivant.

DIRECTION GÉNÉRALE

DE L'ENREGISTREMENT, DES DOMAINES ET DU TIMBRE

(Département du Rhône).

AVERTISSEMENT

Mlle Bérer, à Lyon, rue de la Préfecture, 2

MADEMOISELLE,

M. le directeur de Lyon vient de me communiquer une requête que vous avez adressée à M. le ministre des finances, relative aux droits d'enregistrement auxquels vous avez été solidairement condamnée avec le sieur Duchamp, par jugement du tribunal civil de Lyon du 28 juin dernier.

Pour pouvoir statuer sur cette requête, M. le directeur me charge de vous demander : 1° la représentation des actes qui ont été produits en justice dans votre instance contre le sieur Duchamp ; 2° une demande sur papier timbré en remise des amendes et droits en sus encourus.

Si vous voulez qu'il soit statué sur votre requête, il est nécessaire que vous me remettiez dans le plus bref délai possible les pièces demandées.

A Lyon, le 25 octobre 1878.

Le receveur de l'Enregistrement, des Domaines et du Timbre,

Signé : PERIDIER.

La soussignée ne pouvait demander de remise, il y avait un abus de la force primant le droit; il ne pouvait, selon elle, être question que d'empêcher l'exécution de jugements obtenus en dehors de toute légalité.

Pourquoi la direction du Rhône exigeait-elle, en tout cas, la représentation des actes produits en justice en 1874-1875. Les actes, c'était le titre de créance, les pièces de l'instance.

Elle avait le jugement du 10 mars 1875 entre les mains, puisque c'est par les déclarations de ce jugement qu'elle a pu poursuivre.

Voulait-elle donc aider P.-E. Duchamp dans l'extorsion du titre? Il est pénible de voir à quoi se prêtent des hommes qui ne devraient avoir qu'un souci : faire, même dans ses rigueurs, respecter l'Etat.

Maintenant, voici le fait capital autour duquel ont gravité tous les autres depuis le 10 mars 1875.

L'ex notaire, le 10 mars, a obtenu un jugement le protégeant pour le passé et le couvrant pour l'avenir.

Ce jugement, comme il a été dit, conclut à un crime commis contre lui.

Voire à deux : — à l'extorsion du titre d'abord et à son recel ensuite. On ne peut être à la fois le voleur et le recéleur du même objet.

Le tribunal civil a compris cela. Ainsi, un parquet aurait permis à deux aventuriers du crime, sans les inquéter, de vaquer à leurs petites affaires ?

Non, le parquet a permis, pour sauver le véritable criminel, que le droit des gens à posséder avec preuves démonstratives et supplément de preuves, ce que la loi n'exige pas, soit violé. Il a permis que reste diffamée une personne s'en remettant aux lois pour se faire protéger.

Il a permis que soit annulé sous ses yeux une créance légale pour laquelle plainte et preuves en escroquerie étaient en ses mains. Il a laissé faire l'office d'une autre juridiction à un tribunal civil qui conclut à un crime commis par deux coupables supposés; il a laissé, sous forme de jugement civil, suspendre sur la tête d'une plaignante et réclamante, qui en a ignoré pendant quatre ans la teneur complète, une épée de Damoclès avec laquelle P.-E. Duchamp a recommencé à travailler pour enterrer ses actes coupables.

A tout prix il fallait ce jugement civil de condamnation criminelle (voilà le nœud Gordien).

La soussignée, à tort ou à raison, avait envoyé en janvier 1875, alors qu'elle adressait sa plainte au parquet, une lettre à la femme de P.-E. Duchamp, dans laquelle elle avait joint la copie photographiée des conclusions frauduleuses et diffamatoires de P.-E. Duchamp.

Pourquoi mêler la femme irresponsable du crime de son mari, pensera-t-on, à cette affaire?

La soussignée ne pouvait oublier qu'elle avait prêté son argent au mari dont la femme capitalisait les revenus de la communauté de biens aux acquêts ; pour que ce mari, qui aujourd'hui la vilipendait n'ait pas d'ennuis dans son ménage, à ce qu'il lui avait dit.

La soussignée ne parla point de ce fait à la femme du sieur Duchamp : la lettre est celle d'une mère à une autre, qui indique à une femme la voie où son mari s'engage et lui en donne les preuves.

Après le 6 janvier, P. E. Duchamp combina d'avoir un jugement à son profit. Il le lui fallait.

L'offre dérisoire du remboursement à titre immoral de son bien faite à la soussignée n'était qu'une amusoire pour faire dire au tribunal civil et à certains journaux servant d'échos : On ne peut pourtant forcer les gens à recevoir les donations dont ils ne veulent pas. C'est vrai, mais on peut laisser à chacun son bien.

Le jugement, le tribunal civil le fournit, il ne restait qu'à agir pour en tirer parti.

Inutile de penser à le signifier. Il fallait, de plus, ce jugement bien infamant, bien criminel, bien bourré de faits inouïs, entrepris contre un digne père de famille par une aventurière et un recéleur.

Pourquoi, pensera-t-on encore, ce luxe d'un recéleur au jugement?

Voici : il fallait que P.-E. Duchamp, renvoyé indemne par les tribunaux, prouvât non-seulement à ses amis, mais chez lui, qu'il avait bien réellement mérité le jugement du 10 mars 1875, et que ce n'était pas une complaisance.

Signifiez! fut le cri général des dupes ; pour votre honneur, signifiez! Il y a des incrédules qui ont connaissance de la fortune de cette femme, de sa situation civile, de votre ingérence dans ses affaires ; qui ont vu, comme on dit, de leurs propres yeux vu, des pièces accablantes pour vous!

— Elles sont fausses!

— Raison de plus, signifiez, signifie! dit l'épouse.

C'est alors que le second criminel contenu dans le jugement du 10 mars trouva place.

— Je ne le peux, pour le moment, répondit Duchamp, le recéleur est en place, et, par sa situation et le pavillon qui le couvre, il est impossible que je signifie, ce serait le mettre en cause directe. Mais j'ai barre sur la femme : elle commettra bien quelques attentats nouveaux (et au besoin, pensait l'honnête Duchamp, on l'y aidera, et, au moment opportun, je ferai le nécessaire) ; on la veille.

Ce moment opportun, c'était le jour où, au moyen de nouvelles entreprises combinées avec soin, on pourrait soit livrer pieds et poings liés une criminelle ayant commis de nouvelles exactions, confirmant ces premières, soit livrer à l'administration une malheureuse atteinte d'aliénation mentale et portant plainte à tort et à travers contre les plus honnêtes gens du monde.

Atteindre l'un ou l'autre de ces résultats était le but suprême.

D'une façon comme de l'autre, pendant quelques heures on était maître chez la soussignée, et l'enlèvement des pièces, soit direct, de la créance de 50,000 fr., soit venant l'appuyer, était possible.

Est-ce le fils de la soussignée qui eût pu empêcher de dépouiller sa mère? Élève interne au lycée, on était bien tranquille, il n'y avait qu'à choisir le jour propice. Etait-ce le père de ce jeune garçon que l'on savait l'homme ennemi de tout ce qui pouvait troubler son repos, et qui eût pu d'un mot faire arrêter Duchamp, s'il y eût eu possibilité de le faire à Lyon, est-il bon d'ajouter?

Restait-il un ami à la soussignée pour veiller sur ses intérêts? On l'eût fait taire et forcée de prêter la main à ce qu'on voulait.

Les manœuvres commencèrent sourdes, mille et une tracasseries dont on n'ose parler sous peine de se faire regarder comme une personne ayant le cerveau dérangé.

Vinrent... les injures directes.

En cette circonstance, la soussignée fut traitée de femme tenant maison de débauche.

La soussignée pensa qu'on voulait lui rendre Lyon inhabitable et que, désormais, elle allait, vu son isolement, être en but à une véritable persécution.

Très-attristée de ce qui lui arrivait, elle partit à Genève, avec l'intention de chercher à s'y fixer et emporta près de 80,000 fr. qu'elle déposa à la Banque du commerce de cette ville.

La réflexion lui fit comprendre qu'elle ne pouvait quitter son pays: d'un côté son fils, dont sa maison était la sienne, qu'il fallait soigner, et, d'un autre, elle ne pouvait fuir devant le danger, qu'elle pourrait peut-être vaincre, et laisser dire qu'elle fuyait par crainte quelconque.

Elle reprit ses capitaux et rentra à Lyon. La soussignée, avant de quitter Lyon, avait instruit le régisseur par lettre de ce qui s'était passé; à son retour, elle demanda à résilier un long bail en exercice pour quitter une maison où sa tranquillité était attaquée. Le régisseur lui dit d'avoir pitié de malheureux, qui méritait d'être mis à la porte de suite, si elle l'exigeait, qui s'était laissé entraîner à il ne savait quel mobile et lui remit pour la décider le papier suivant :

En présence de M. Comte, régisseur, les nommés Prost, concierge, rue de la Préfecture, n° 2, ont demandé pardon à Mme Bérer pour les injures, diffamations odieuses, mensongères, dont ils l'ont mutuellement assaillie au moment où elle rentrait chez elle, dans la soirée du 2 juin dernier ; sur leurs demandes et promesses de se conduire à l'avenir comme tout concierge est tenu de le faire, et par égard pour leurs enfants ils sont maintenus dans leur poste.

Lyon, le 9 juin 1876.

Signé : PROST.

Ajoutant : Vous pouvez être assurée qu'ils feront leur devoir.

Ensuite vint l'essai d'introduction de valeurs chez la soussignée, des personnes connues et inconnues se présentèrent en trois fois différentes chez ladite pour demander à lui emprunter de l'argent, offrant de lui laisser en garantie de bonnes valeurs, de bien bonnes valeurs. D'autre part, des procès où des hommes d'affaires écrivaient des lettres à faire dire que le droit et la justice étaient au plus adroit

Au milieu de tout cela, deux tentatives d'empoisonnement : l'une sans résultat que quelques inconvénients passagers et la mort d'un animal domestique ; l'autre, mieux réussie, provoqua chez la soussignée une congestion cérébrale qui aurait eu, l'eût-on, oui ou non voulu, le résultat final sans une personne survenue qui retint la soussignée au moment où elle allait tomber à terre, privée de sentiment, frappée par la congestion du sang au cerveau.

Inutile de dire que c'est en déjeunant que la soussignée fut prise de ce mal subit et foudroyant.

Le secours apporté à la soussignée dans ce moment décisif permit à la nature de faire un effort et de faire rejeter ce qui avait été ingéré de nuisible.

La soussignée ne dit que ces mots en revenant à elle : J'ai manqué de mourir, et ne fit part, ni à sa domestique, ni à la personne présente, qui resta près d'elle à la soigner « de ses soupçons ». A quoi bon ?

Mais si elle se fût plainte, de qui se plaindre ? de la domestique, insinuer que la tentative avait eu lieu à l'instigation de Duchamp ? C'est là qu'on l'attendait. Se plaindre encore contre un parfait honnête homme ! Déshonorer une famille ! Duchamp avait-il accès chez la soussignée ? Depuis des années, il pouvait prouver qu'il n'y avait mis les pieds.

Il n'y a qu'une pauvre folle capable de pareilles idées. N'avait-elle pas déjà porté plainte contre cet honnête ex-notaire de lui garder son argent confié ? Enfermons.

D'autre part, si elle eût reçu les valeurs proposées,

Comme, au fond, avait pu l'espérer Duchamp. — Je l'ai dit dans la misère, vivant de débauche et d'extorsions pratiquées aujourd'hui sur l'un, demain sur l'autre : elle prêtera pour prouver qu'elle possède. Nous la tenons. Plainte immédiate à qui de droit, descente de justice, et, ma foi, nous aurons des preuves confirmant mes dires et nous ferons le reste.

Dans l'un et l'autre cas, Duchamp arrivait à son but. Et ce but, il le poursuivait activement, sentant bien qu'après, comme avant le jugement du 10 mars, il n'en était pas moins un débiteur niant avoir reçu l'argent qui lui avait été remis, ayant une plainte à son actif en abus de confiance; en effet, ce qu'on doit à la confiance en devient un abus dans le cas d'escroquerie, et qu'on ne pouvait savoir avec le temps ce qui pouvait survenir.

Le cas de mort était prévu; il est permis de le croire.

Chacun est mortel; mais de mort subite prévue, de cela, on ne voudrait se prononcer ici; mais, s'il était prévu, le jour où la soussignée fut prise, en déjeunant, du mal subit qui faillit l'emporter était bien choisi; elle était seule chez elle avec sa domestique, toutes clefs sur portes; on eût pu facilement procéder, Malheureusement, ou heureusement, une personne a pu la sauver; mais, si elle ne l'eût pu, après la mort, que se fût-il passé? Le silence, et si, par hasard, la personne présente eût voulu exprimer un doute sur cette fin, on lui eût clos la bouche en lui montrant le jugement du 10 mars 1875; elle se fut révoltée contre cette infamie inutile : celle qui pouvait parler, gêner n'est plus, taisez-vous. P. E. Duchamp, désormais tranquille et satisfait, eût montré en tout ceci le doigt de la Providence, tandis qu'il n'y avait là que l'intelligence d'un coquin bien secondé, il est vrai, qui manœuvrait et faisait manœuvrer sous ses ordres de dociles auxiliaires.

La soussignée, comme il a été dit, ne se plaignit d'aucun des faits précités.

Il était arrivé à la soussignée de tenir le propos suivant devant quelques personnes: Contre moi, qu'on entreprenne tout ce qu'on voudra, mais qu'on ne touche pas à mon fils. Comme pour lui donner un démenti et lui faire voir quelle et son fils, on en faisait de cas comme de rien.

Au cours de ces événements, le fils de la soussignée perdit son père, 15 janvier 1878. La soussignée fut nommée tutrice légale de son fils et fit faire les formalités pour que son fils, dans les proportions de la loi, hérite de son père.

Le défunt laissait deux fils : l'un, légitime et majeur, mais incapable; le second, celui de la soussignée, reconnu et encore mineur : il fut dit à la soussignée qu'elle devait reconnaître son fils par acte authentique; seul, jusqu'à ce jour, le père de ce jeune homme avait rempli cette formalité, la soussignée ayant pensé jusqu'à ce moment que la déclaration de la naissance de son fils sous son nom était suffisante; cela n'étant, la soussignée, de même, reconnut son fils, sur la demande de M. le juge de paix du 2e canton de Lyon, devant qui était réuni le conseil de famille du mineur, qui ne voulut permettre que la soussignée fut nommée tutrice sans avoir préalablement reconnu son fils devant notaire, ce qui fut fait.

Un avoué, Me Ruchon, suppléant du juge de paix du 7e canton, s'était fait nommer, en invoquant la tutelle de la soussignée, administrateur provisoire de la succession du défunt. Que fit cet avoué? il ne fut pas plutôt en pied qu'il organisa deprétendre chasser, au moyen de la soussignée, — du moins, sur le moment, ce fut la pensée de ladite, — le fils naturel du défunt de la succession de son père.

Une lettre fut adressée à la soussignée par le subrogé-tuteur de son fils, où il lui était instamment recommandé de ne pas manquer d'assister à la continuation de la levée des scellés, qui devait avoir lieu chez le défunt, le 18 février 1878, que, quant à lui, un voyage imprévu l'empêchait de s'y trouver, etc.

La soussignée, sans aucune défiance, se rendit seule où son devoir l'appelait; là, après la levée des scellés et le départ, bien entendu, de M. le juge de paix, Me Ruchon, entreprit de faire signer par la soussignée la renonciation des droits de son fils à la succession de son père.

Voici comment : un acte était sur la table, le greffier se lève, présente une plume à la soussignée et lui dit de venir lui donner une signature. C'était au cours de la séance. La soussignée prend lecture et voit au-dessus où on lui disait d'apposer sa signature: Sous toutes réserves des prétendus droits du mineur, suivaient les nom et prénoms de son fils. La soussignée rejeta l'acte, refusant de ratifier cette spoliation.

L'avoué se démena, gesticula.

— Qu'elle signe! qu'elle signe!

— Je quitterai plutôt la place, reprit la soussignée.

— Eh bien! qu'elle s'en aille! qu'elle s'en aille!

La soussignée, ne tenant compte de cet énergumène, s'assit près de la table où étaient entassés les papiers du défunt, qu'examinait le notaire.

L'avoué s'asseoit à côté d'elle, et déchiquetant des morceaux de papapier, il lui en jeta les bribes à la face.

La soussignée se retira de la séance en disant :

— Maître Ruchon, vous céderez à la loi!

C'est que Me Ruchon, en s'exclamant, s'était écrié :

— Je ne céderai pas à une femme.

Que pouvait la soussignée au milieu de ces hommes? souffleter l'avoué, faire du bruit; on n'attendait probablement que cela.

Quel avait été le but de cette petite machination. Il était impossible, même eut-on fait signer à la tutrice par surprise les prétendus droits de son fils à la succession de son père, qu'un pareil acte ait force de loi pour annuler des actes civils et de notoriété établissant les qualités et droits du mineur à recueillir, selon la loi, sa part héréditaire dans la succession de son père.

Il était impossible qu'on ait fait reconnaître, le 23 janvier 1878, par la soussignée, son fils, pour, le 18 février suivant, la forcer de reconnaître que son fils n'avait pas de droits à se dire le fils de son père.

La soussignée, en reconnaissant authentiquement son fils le 23 janvier, avait reconnu dans son fils le fils du défunt.

Voici ce qui se lit à l'acte de notoriété du 23 janvier 1878 : « Expliquant que, par acte passé aux minutes de Mᵉ Vachon, notaire à Lyon, à la date du 26 septembre 1862, ledit enfant a été reconnu pour le fils naturel de M. P. P., et que la soussignée consent qu'à l'avenir ledit enfant porte et ajoute à son nom le sien, que mention des présentes sur tous registres et autres que besoin sera faite. Dont acte, enregistré à Lyon le 23 janvier 1878. »

Voilà ce que censé on demandait à une mère d'annuler.

La demande intempestive de signature au cours de la séance n'était que pour éveiller l'attention de la soussignée. Les grossièretés de l'avoué Ruchon, qui avait été l'avoué de M. de Lachesnais, l'intervenant dans le procès en remboursement de la soussignée contre Duchamp, que pour la pousser à bout. Si on lui eût demandé sa signature simplement à la fin de la séance, elle eût signé de confiance, comme elle avait fait à la séance première d'ouverture de l'inventaire, du 16 février, et on aurait pu avoir sa signature annulant les droits de son fils, tant était loin de sa pensée toute idée de subterfuge sans qu'elle s'en doute. Ce n'était pas ce qu'on voulait.

On pensa : Cette fois, elle se plaindra contre la magistrature, représentée par un greffier de justice de paix, et contre des fonctionnaires publics en l'exercice de leur ministère. Cette personne, eût-on dit, a décidément perdu l'esprit; elle s'est plainte, il y a quelques années, qu'un notaire de Lyon lui escroquait une partie de sa fortune; aujourdhui, elle accuse des fonctionnaires de vouloir lui faire signer un acte dépouillant son fils, un mineur; on lui eût demandé des preuves, elle n'en avait pas, l'acte était resté entre les mains du greffier. Que se fût-il passé?

Le coup manqué, l'avoué, à une séance suivante, s'excusa, ou fit semblant, sur ce qu'il ignorait les actes établissant régulièrement les droits du fils de la soussignée, et c'était en vertu de ces actes qu'il s'était fait nommer provisoirement administrateur de la succession.

La soussignée continua tranquillement à faire valoir les droits de son fils; il y eut des violations de lois malgré cela. Dix-sept mois après la mort de son père, le fils de la soussignée, devenu majeur, signait la quittance de sa part héréditaire. Le jugement de partage entre les deux fils du défunt a été rendu par le tribunal civil de Lyon, en 1879.

Il semblerait étonnant pour le législateur que la soussignée ait été aussi longue à s'indigner après avoir eu connaissance de ce qui avait été prononcé contre elle dans le jugement du 10 mars, l'ayant dans tous les cas su depuis la notification du jugement du 28 juin 1878, au profit du Trésor, dans lequel ils sont en partie contenus. puisque le recel, qui indique vol ou extorsions, y est stipulé.

La soussignée a fait ce qu'elle a pu en haut lieu pour les faits dont elle avait connaissance. Quant au fait criminel qu'elle ignorait lui être imputé, elle ne l'a su que longtemps après avoir payé le montant des condamnations requises par la direction générale de l'Enregistrement, pour le paiement des droits dus, sur le jugement du 10 mars 1875.

On ne peut oublier qu'on avait cherché à la faire acquiescer au jugement du 10 mars 1875 au moyen d'un payement de 1,000 fr., qu'on avait essayé de le faire acquiescer au jugement de la direction générale des Domaines et du Timbre sans le lui signifier.

Tout était mené de front. Diable! une femme qu'on veut acculer, on en viendra bien à bout.

La soussignée ne voulant payer les 1,000 fr. demandés au nom de la Régie par Me Chavant, le Mémoire fut lancé ; la soussignée n'aquiesçant pas de bonne volonté au jugement du 28 juin 1878, la Régie dut signifier.

La soussignée lut ce jugement. C'est sur le relevé dudit que copie en fut adressée au ministère des finances, en août 1878. Dans ledit, aucun attendu ne relève le fait criminel inséré au jugement du 10 mars. On sait ce qui se passa.

La soussignée alla payer au receveur, qui, à ce moment, lui dit : Je n'ai pas entre les mains la minute ni les autres pièces du procès, je vous les enverrai demain par notre huissier. Le lendemain, en effet, Me Bret vint apporter à la soussignée la minute du jugement prononcé entre elle et la direction générale, plus une feuille de papier timbré. La soussigné regarda ladite et demanda à Me Bret ce que c'était que cette opposition.

— C'est, dit Me Bret, M. le directeur du Rhône qui, après la vente forcée exécutée contre vous par la femme Duchamp, a fait saisir de suite, contre ladite, la somme lui revenant sur la dite vente.

— Pourquoi ?

— Pour se couvrir déjà sur le montant de ce que vous deviez à la régie.

C'est l'acte d'opposition à denier déjà inséré que l'huissier rendait avec la minute du jugement du 28 juin. La soussignée serra le tout avec d'autres pièces, sans lire. Ne connaissait-elle pas le jugement? Elle avait payé, tout était dit, pensait-elle.

Ce n'est que dans le courant du mois d'août suivant que, voulant réunir dans un mémoire général tout l'ensemble des faits de ses procès depuis 1874-75 jusqu'en 1879, que la soussignée prit, pour la donner à l'imprimerie, comme étant mieux écrite, la minute du jugement du 28 juin 1878, et c'est seulement en lisant les épreuves que ses yeux s'arrêtèrent sur l'attendu suivant, le huitième dudit jugement sur minute, commençant par ces mots : « Attendu que, pour la recevabilité de la réclamation de la Régie ; » et finissant par ceux-ci : « Que, dans l'espèce, le billet étant dissimulé, ces préposés ne peuvent, par le fait des opposants (rien constater de cela), et l'infraction est suffisamment établie jusqu'à production de l'acte, par le jugement du 10 mars 1875, qui fait connaître son existence et son recel. »

La soussignée feuilleta la minute du jugement, confronta : c'était exact.

— Mais alors je n'ai donc pas su lire la notification de l'extrait de la minute de ce jugement qui m'a été envoyée avec commandement exécutoire, dans le courant d'août 1878 ?

La soussignée chercha ce jugement, courut au huitième attendu correspondant et resta stupéfaite, non indignée, ce n'est assez dire anéantie. Ainsi, elle avait encore payé 5,200 fr. pour un escroc, vu vendre chez elle pour sa femme, s'intitulant sa créancière, pour des jugements se contredisant. Et elle se trouvait, par une supercherie en face d'un crime reconnu commis par elle et un receleur, et ne l'apprenant qu'après avoir été forcée de faire enregistrer le jdgement contenant ces faits infamants.

Voilà la garantie sociale pour certaines personnes, quand les tribunaux laissent faire.

Dans son Mémoire, la soussignée consigna simplement ce fait par ces mots :

— Ainsi, je recèle mon titre valeur argent, reçu comptant.

Voici l'attendu, le huitième, correspondant à celui de la minute, relevé au jugement exécutoire extrait des minutes du greffe :

« Attendu que, pour la recevabilité de la réclamation de la Régie relativement au droit du timbre et de l'amende, il n'est pas nécessaire, comme le soutient Duchamp, que la contravention ait été constaté par un procès verbal que les articles 31, 32 de la loi du 13 brumaire an VIII, qui prescrit la rédaction d'un procès verbal, sont relatifs au cas où cette mesure est possible, c'est-à-dire où un acte en contravention avec la loi sur le timbre est présenté aux préposés de la régie, que dans l'espèce, le billet étant dissimulé, les préposés ne peuvent par le fait des opposants *rien constater de la somme de trois mille quatre cent soixante-quinze francs* représentant les droits de timbre et l'amende, puisque le billet devait être écrit sur papier timbré, indépendamment de sa condition de validité ou de nullité et par cela seul qu'il ne l'a pas été, l'impôt de consommation dont il était grevé n'a pas été payé, l'infraction est commise. »

Le législateur se convaincra qu'arrivé au mot constaté, la rédaction est tronquée à l'attendu du jugement extrait des minutes du greffe, et qu'au contraire arrivé au même mot, à l'attendu sur minutes tel qu'il est au jugement inséré ici, la rédaction a un sens et se suit.

Pourquoi tant de duplicité? c'est le mot. On avait craint que la soussignée, comprenant ce qui lui était imputé de criminel, en appelât, aille s'il le fallait jusqu'à la Cour de cassation, refuse de payer.

En un mot, ne demande des juges puisqu'elle était accusée publiquement d'un crime.

L'huissier Werney, qui a saisi au nom de la femme Duchamp chez la soussignée, ne lui a pas remis la minute ou grosse du jugement de défaut rendu le 13 mars 1878. Y aurait-il là encore un attendu comme celui relevé au jugement au profit du Trésor, ou pis encore?

Mᵉ Andrieux, avocat, pensa réellement avoir plaidé pour une aventurière de la pire espèce et voici pourquoi :

Mᵉ Andrieux, de qui dut se moquer son collègue Dulac : Ah! vous plaidez sur mon refus, voilà ce qui vous arrive. Vous avez un jugement concluant contre votre cliente à un crime. A vous maintenant à lui donner le bouquet.

Mᵉ Andrieux se dit, j'en aurais le cœur net, et il entreprit une épreuve, épreuve puérile, et qui prouve la bonne volonté où était Mᵉ Andrieux a asseoir ses convictions.

Quelques jours après la perte du procès du 10 mars, Mᵉ Andrieu se rendit chez la soussignée. Ne pas oubler que la soussignée, à ce moment, avait déjà plus de quarante ans, que Mᵉ Andrieu avait été son avocat, et que malgré qu'il eût perdu une cause perdue d'avance, elle lui savait gré d'avoir pris sa défense.

Aussi, qu'elle ne fut pas l'étonnement de la soussignée, lorsque Mᵉ Andrieux feignit de prendre dans cette visite l'attitude de l'homme qui cherche à s'amuser d'une femme. La soussignée, sans faire aucnn reproche de ce manque de convenance, se leva de sa place et se mit contre une fenêtre à examiner le temps, donnant à Mᵉ Andrieux la facilité de reprendre attitude, ce qui n'est pas difficile pour un avocat.

Il est entendu que les hommes ont une manière de faire avec les femmes du monde et les femmes du demi, etc. Jugeant d'après ce qu lui avait été dit, Mº Andrieux classa la soussignée dans celle qui n'ont pas de sens moral et venait d'agir en conséquence. Cela n'avait pas réussi. Mº Dulac avait dû dire à son collègue que la soussignée lui avait apporté à vérifier ce qu'elle possédait encore en titres au porteur, ou relevé de compte de maisons be banques en comparant les bordereaux, et que, probablement, ces valeurs étaient prêtées. Mº Andrieux, encore une fois, voulant tout savoir, demanda cinq mille francs à emprunter à la soussignée, qui, surprise et ne sachant plus que répondre, dit : avec plaisir, certainement. Je vous ferai, dit Mº Andrieux, un bon billet avec intérêts. Mais je n'ai pas la somme ici, ajouta la soussignée pour se donner contenance. — Qu'à cela ne tienne, reprit Mº Andrieux, procurez-vous là, je reviendrai. Et il se retira. Quand il fut parti, la soussignée se dit : il ne reviendra pas, il ne savait plus que dire. Point. Mº Andrieux tenait à pousser son épreuve jusqu'au bout : il revint le lendemain.

La soussignée, étonnée de la persistance de Mº Andrieux, dit alors :

— Je n'ai que des valeurs en portefeuille.

— Eh bien, remettez-moi un titre, je le ferai vendre.

C'était fort, la soussignée s'est rappelée après et a dit : Je devais avoir l'air d'une criminelle se défendant, je n'étais pas à mon aise.

Pourtant, un peu de présence d'esprit lui vint, elle dit : Revenez ce soir, alors je vous le remettrai, pensant cette fois : Il aura compris.

Mº Andrieux revint le soir. Alors, avec beaucoup de courage, la soussignée dit : Non, monsieur, je ne peux faire ce que vous me demandez.

— Même 1,000 fr., dit encore Mº Andrieux, et toujours le bon billet.

— Je ne veux pas de billet.

La soussignée eût convaincu son avocat si, au lieu de se défendre pour ainsi dire, elle lui eût dit : Je vous ai compris, c'est une épreuve; tenez, voyez de vos yeux ce que je possède encore.

Mº Andrieux se retira et cette fois ne revint pas.

Mais pourquoi ne parla-t-il pas? ne dit-il pas à cette femme infortunée : Appelez-en, si vous perdez à Lyon; nous irons en cassation. Mais il faut que ce jugement inique soit cassé.

Le jour où les hommes feront, pour l'honneur d'autrui, ce qu'ils feraient pour défendre le leur, il n'y aura plus d'opprimés.

Dans le courant de juin 1875, l'avoué Chavant, au contraire, essaya de faire commettre à la soussignée une de ces énormités qui frisent la folie, si la soussignée eût consenti, n'en comprenant ni la portée ni l'odieux.

Quelque temps après la visite que lui fit la soussignée pour savoir si au besoin il se chargerait de ses affaires, Me Chavant écrivit les deux premières lettres suivantes à la soussignée pour l'engager, d'après l'avis de Me Andrieux, à intervenir dans le procès pendant alors entre M. Houëtte de Lachesnais et Duchamp.

Me A. Chavant, licencié en droit, avoué près la Cour d'appel, rue de la Bombarde, 13, Lyon.

Lyon, 19 juillet 1875.

MADAME,

Je n'ai pu faire la recherche dont je m'étais chargé, parce que je n'ai pu obtenir la date de l'ordonnance de référé qui a repoussé la demande de Mme Duchamp. Vous m'aviez dit que vous m'enverriez la copie d'assignation qui vous a été donnée, mais je n'ai pas reçu cet acte.

Le procès entre M. Duchamp et M. de Lachesnais se plaidera le 11 août prochain.

Il serait peut-être de votre intérêt d'intervenir dans ce débat : c'est mon avis et M. Andrieux paraît le partager.

Agréez mes civilités empressées.

A. CHAVANT.

Me A. Chavant, licencié en droit, avoué près la Cour d'appel, rue de la Bombarde, 13, Lyon.

Lyon, le 4 août 1875.

MADAME,

Je vous renouvelle l'avis que je vous ai donné, que l'affaire entre M. Duchamp et M. de Lachesnais sera plaidée le 11 août courant.

Si vous voulez intervenir dans le débat, et vous avez intérêt à le faire selon l'avis de Me Andrieux, il faut que j'aie vos pièces au plus tôt.

Agréez mes civilités empressées.

A. CHAVANT.

La soussignée ne répondit que par son silence à la demande d'intervenir qui lui était faite.

A quelques jours de là, la soussignée rencontre Me Andrieux, qui lui dit :

— Eh bien, intervenez-vous dans le procès de Duchamp ? Lachesnais s'est bien porté intervenant contre vous.

La soussignée sourit en répondant :

Ce n'est pas sérieux, Maître Andrieux, ce que vous me dites-là !

M. Andrieux n'insista pas.

En effet, intervenir, c'était appuyer Duchamp contre Lachesnais, et le pouvait-elle?

Le 10 mars 1875, le président du tribunal civil de Lyon a prononcé contre la soussignée non un jugement de droit civil, se basant sur une loi quelconque pour annuler une créance légale, mais un véritable réquisitoire d'avocat général concluant à la culpabilité d'une aventurière et d'un recéleur.

L'intéressée a été laissée par ses défenseurs dans l'ignorance de cette accusation; elle n'a eu qu'un compte-rendu du jugement roulant sur des faits immoraux, n'ayant aucun rapport avec une demande en remboursement de capitaux, et, pour donner le change à l'opinion publique, il a été permis à un journal judiciaire d'insérer dans ses colonnes une fausse déclaration tendant à laisser supposer que la soussignée, comme preuve qu'elle n'avait pu prêter à Duchamp, c'est qu'elle n'était pas, à l'époque de la remise de ses capitaux audit notaire, en état de les avoir.

Voici :

Journal judiciaire de Lyon du 11 mars 1875 :

« Hier, mercredi, la première chambre du tribunal civil de Lyon a rendu son jugement dans les deux affaires Duchamp dont il était saisi depuis quelque temps, et dont nous avons plusieurs fois entretenu nos lecteurs. Dans la demande en responsabilté concernant M. Lachesnais, le tribunal civil a condamné Duchamp à payer différentes sommes s'élevant au chiffre de 500,000 fr. La deuxième affaire, une demande en paiement d'une somme de 40,000 fr., formée par Mlle Bérer contre le même Duchamp, a été rejetée; le tribunal a jugé que le titre souscrit ne pouvait pas se rapporter à une créance sérieuse, la demoiselle Bérer n'étant pas, au moment de la souscription du titre, en état de prêter une semblable somme. Le titre ne peut pas non plus être considéré comme la preuve d'une donation déguisée, puisque cette donation serait considérée nulle, comme se fondant sur une cause immorale et rejetée par la demoiselle Bérer ellemême. »

Voilà comme on bouche les yeux et les oreilles à la vérité.

Comme le législateur peut s'en convaincre, P.-E. Duchamp, dans une certaine mesure, a réussi, jusqu'à ce jour, ses actes coupables.

Il a, au moyen du scandale propagé et de diffamations répandues sur une demande légale de remboursement, fait dénaturer par un tribunal civil la cause réelle d'un titre de créance, et, par ce moyen, gardé le capital qui lui a été confié en 1871.

Il a clos la bouche jusqu'à ce jour à une juridiction de laquelle dépend d'être jugés ses actes frauduleux, diffamatoires et de tentatives d'escroquerie.

Il a pu faire se taire les défenseurs de la soussignée sur la teneur exacte d'un jugement, ne se rendant pas compte du péril où ils laissaient leur cliente livrée au malfaiteur, qui voulait en finir.

Il a pu, par des manœuvres coupables, essayer de faire se plaindre la soussignée ou de susciter une plainte contre elle pour, dans l'un ou l'autre cas, la faire passer pour une idiote, osant encore accuser un honnête homme, ou pour l'aventurière des conclusions de 1874, pratiquant l'extorsion.

Il a pu circonvenir et faire circonvenir des fonctionnaires publics assez faibles pour se croire obligés, pour cacher les actes coupables d'un d'entre eux, de prêter leur concours à des actes faisant douter de leur honneur ou de leur bon sens.

Il a pu, sans être inquiété, signer d'un faux-nom, une lettre de diffamation contre un notaire de Lyon qu'il redoutait avec raison pour ses projets de spoliation, l'envoyer à un ministre et se tirer d'affaire au moyen d'une lettre d'excuse.

Il a pu, selon les circonstances, plantant des jalons sur la route de ses méfaits, faire incriminer ce même fonctionnaire dans un jugement civil; car nul doute que le recel du titre de créance invoqué dans le jugement du 28 juin 1878 pour faire connaître comment a pu être, par l'Enregistrement, constaté l'existence du titre pour lequel elle poursuivait le recouvrement des amendes encourues, n'ait pour soi-disant auteur ce même fonctionnaire diffamé en deux fois par Duchamp, dans une lettre diffamatoire et dans l'acte de sommation du 6 août 1874, servant de première tentative d'escroquerie. Il a pu encore forcer la caisse de la soussignée au moyen du jugement de condamnation de solidarité du 28 juin au profit du Trésor, dont il a su se garantir.

Il a pu, au nom de sa femme, intenter un procès à la soussignée sur le fond d'un premier procès sans avoir signifié le jugement dont il bénéficie depuis le 10 mars 1875, et, par ce moyen, obtenir, avec le concours d'hommes d'affaires complaisants, un jugement de défaut (13 mars 1878) niant l'existence du titre de créance pour lequel, dans le moment même, un procès spécial était en instance contre lui devant le tribunal civil, au nom de l'État.

Il a pu se faire prêter la main par la direction du Rhône pour suspendre ou reprendre à son gré les poursuites au sujet de l'enregistrement de son jugement de 1875. Quand il n'y a plus eu de capitaux chez le séquestre de ses biens, pouvant permettre de dire : Pourquoi ne faites-vous pas, en tout cas, payer la solidarité par le notaire violateur de la loi, ou tout au moins la part qui lui incombe? il a pu faire consentir ladite direction à se prêter à demander à la soussignée les pièces produites dans son procès, si elle voulait que fût appuyée une pétition en sa faveur au ministère des finances. En un mot, il a pu, pour se sauver, être assez adroit pour faire se compromettre les gens qu'il employait, ou faisait soudoyer de façon à ce qu'ils devinssent, en quelque sorte, les complices forcés de ses menées pour escroquer, n'importe par quels moyens, non-seulement le titre de créance de 1871, mais toutes pièces venant l'appuyer, toutes pièces prouvant la situation financière de la soussignée, toutes pièces prouvant quelle était la situation de Duchamp chez la soussignée.

(Pour cela il fallait manœuvrer habilement, et, pour l'habileté, l'ancien notaire de la Société immobilière de Lyon, qui a fait faillite il y a quelques années, a fait ses preuves.

Le procès Lachesnais en responsabilité contre Duchamp n'a pas eu d'autre cause. Ce créancier seul réclamait à Duchamp un million soixante mille francs).

Il fallait donc que fût bien établi, d'un côté, qu'il s'agissait simplement de forcer une personne à livrer un titre de créance créé pour faits mimoraux et les actes de l'instance 1875, pour rendre la paix à une famille, et, d'un autre, que le notaire était une victime ayant subi les violences d'une aventurière et souscrit ainsi un titre de 50,000 fr. par pression, menaces, etc. ; de la créancière ayant prêté son argent, on ne s'en préoccupa que pour la condamner.

Qu'elle commettrait bien quelqu'autre fait de ce genre permettant de grouper le tout et de la livrer à la justice ;

Qu'en attendant on la surveillait. C'était jeter la soussignée à la vindicte publique, et aux entreprises coupables.

C'est avec ces diverses données que Duchamp a pensé arriver à ses fins, pour, de façon ou d'autre, forcer la porte de la soussignée.

Aujourd'hui, la situation de Duchamp est toujours la même, et il lui importe toujours d'en sortir.

La soussignée a reçu dix mille francs sur sa créance : c'est donc dix mille francs qu'elle a censé extorqués. Le débiteur frauduleux n'a voulu représenter aux tribunaux les reçus que la soussignée lui a délivrés à valoir en 1872 : il s'est contenté de dire qu'il avait, pour satisfaire la cupidité de la soussignée, et cédant à ses exigences, ou menaces, payé une certaine somme en 1872, feignant de ne se rappeler le chiffre (20 novembre 1874).

Il est vrai qu'après la plainte de la soussignée au procureur de la République sur les actes commis à son préjudice, Duchamp a offert de faire un don gratuit à la soussignée de ce qu'il avait encore lui appartenant.

Cette pétition est plus longue que l'aurait voulu la soussignée. C'est qu'avec les faits il fallait apporter les preuves, les preuves de tout ce qui a été mis en œuvre, avant comme après 1875, pour peser sur une femme sans appui que les lois, et ce serait assez si les lois qui ont besoin du secours de l'homme pour fonctionner faisaient œuvre de justice envers et contre tous.

Que le législateur veuille bien examiner si le malfaiteur, en cette affaire, est allé assez loin, et s'il peut être permis que, par de nouvelles manœuvres, il soit laissé libre d'assurer définitivement le triomphe de ses actes criminels.

Pour personne le droit et la loi ne peuvent rester lettre morte.

Des jugements civils incriminent, dépouillent, souillent une femme, une mère, parce qu'elle a eu le courage de demander, comme elle l'a remis, son argent à un notaire, en qui elle avait confiance, ne peuvent détruire les actes de fraude, de diffamations, de tentatives d'escroquerie commis par un débiteur exécutant, comme l'a dit Me Terme, avoué de la soussignée (voir conclusion en réponse, déjà citée), une série de moyens frauduleux pour échapper à l'action de ses créanciers.

C'est contre ces actes coupables commis à son préjudice, et non jugés, que la soussignée a réclamé et réclame encore une instruction juridique ne prêtant plus à l'équivoque, mais jugeant sur des faits se démontrant et non sur des diffamations frauduleuses imaginées par un malfaiteur :

Une plainte a été portée par la soussignée au parquet de Lyon en 1875: elle reste entière, et, de plus, vient se grouper à côté tout ce qui a été entrepris par le débiteur frauduleux pour se soustraire aux lois. La soussignée, délaissée par le parquet de Lyon, n'a plus osé s'y adresser. Elle a supporté ce qu'il a plu d'entreprendre contre elle: elle a tout payé, elle est restée censée passive spectatrice de son déshonneur et dépouillement successifs, invoquant l'avenir, espérant en la justice future et réunissant toutes preuves, tous documents prouvant ce qui a été mis en œuvre depuis 1875 pour l'acculer.

Tel est le but de cette pétition : démontrer le déni de justice fait à la soussignée, permettant l'injustice de jugements civils se succédant: l'un annulant, sans droit ni preuves, une créance légale, les autres se contredisant et condamnant pour et contre le fond d'un même procès. A voir soit annuler une saisie-arrêt faite en vertu d'un titre existant, parce que ce titre n'existe pas, soit à payer parce que le titre existe, une somme importante, résultat d'une violation de lois dont ne peut être responsable que le notaire souscripteur et emprunteur.

Il n'y a qu'un ordre supérieur qui pourra obliger le parquet de

Lyon à instruire une affaire de son ressort et la porter à juger devant qui de droit.

La soussignée prie Messieurs les Législateurs de faire droit à sa pétition.

J. BÉRER.

APPENDICE

Me TERME

Avoué au Tribunal civil, Défenseur au Tribunal de commerce

19, RUE DUBOIS, 19

Cabinet, de 9 à 11 h. — Et le soir, de 3 à 5 h.

Lyon, le 6 février 1875.

MADEMOISELLE,

Je vous accuse réception de votre lettre d'hier et, conformément à ce que vous m'écrivez, j'ai fait fixer à samedi prochain la plaidoirie de l'affaire Duchamp.

Il est absolument nécessaire que vous arriviez à Lyon lundi ou mardi afin de concerter nos dernières dispositions pour la défense, et cependant, à la veille de la plaidoirie, je crois de mon devoir d'insister de nouveau auprès de vous pour ne pas vous montrer trop absolue dans vos prétentions, quelque légitimes qu'elles soient.

Je sais par expérience ce que sont les procès, même ceux que l'on considère comme les meilleurs.

Je n'ignore pas combien vous avez dû être froissée dans vos sentiments de femme par les injures et les diffamations dont on vous a abreuvée, mais enfin une transaction équitable vous donnerait satisfaction.

Si vous devez arriver lundi ou mardi, nous reviendrons sur ce sujet, qui en vaut la peine ; mais tenez pour certain que c'est jouer gros jeu que de refuser une réduction. Je n'ai pas besoin de vous dire que la proposition d'arrangement émane de la famille et que Duchamp y est tout à fait étranger. Il paraît qu'il est en ce moment dans un état voisin de l'idiotisme le plus complet.

Écrivez-moi pour m'annoncer le jour de votre arrivée. Je vous recevrais immédiatement.

Agréez, Mademoiselle, la nouvelle assurance de ma considération.

TERME.

A cette lettre, où une cotisation en famille était offerte, où une réduction sur une créance était demandée, où pour peser sur une créancière on la mettait en présence de la possibilité de la perte de sommes importantes, où l'état mental du débiteur était annoncé comme voisin de l'idiotisme le plus complet, il fut répondu (en substance) que s'il ne s'agissait que de la question de remboursement, la soussignée, devant la déconfiture financière de l'ex-notaire, subirait le sort commun de tout créancier en pareil cas ; mais qu'il s'agissait que justice prononce sur les actes diffamatoires, etc., commis à son préjudice par un débiteur, pour se soustraire à rembourser ce qu'il doit.

CERTIFICAT DU CASIER JUDICIAIRE

Greffe du Tribunal civil de Lyon (Rhône)

Le greffier du Tribunal de première instance de Lyon (Rhône) certifie que, de la vérification faite dans les casiers judiciaires établis en ce greffe, il résulte qu'il n'existe aucune trace de condamnation prononcée contre la nommée Bérer (Jeanne-Joséphine), née à Lyon le quatorze octobre mil huit cent trente-quatre, fille de Claudine Bérer.

Fait et délivré au greffe, à Lyon, le onze juillet mil huit cent soixante-seize.

Pour le greffier en chef,
J. Mazenool.

Enregistré à Lyon, le 11 juillet 1876.
Folio 2, case 1. Reçu un franc quatre-vingt-huit centimes.
Passigne.

Vu au Parquet, à Lyon, le 12 juillet 1876,
par le Procureur de la République

COPIE D'ASSIGNATION

C. p. Me Mauvernay, avoué, Lyon, 21 *décembre* 1877. — *Copie d'assignation. — Bérer et Duchamp* (n° 752).

G. Galliot, avoué, à Lyon.

L'an mil huit cent soixante-dix, le vingt-un décembre, à la requête de Mme Adélaïde Bonnet, épouse séparée, quant aux biens, de Pierre Duchamp, ancien notaire, avec lequel elle est domicilié à Lyon, rue du Plat, n° 12, et du dit M. Duchamp, agissant pour autoriser son épouse, lesquels font élection de domicile en l'étude, constitution d'avoué en la personne de Me Galliot, avoué près le Tribunal civil de première instance de Lyon, où il demeure, quai de la Pêcherie, n° 11, je, Marie-Stéphanie-Jérémie-Clément Werney, huissier reçu au Tribunal civil de Lyon, y demeurant, rue Mercière, 40, soussigné, certifie avoir donné assignation à la demoiselle Bérer, rentière, demeurant à Lyon, rue de la Préfecture, en parlant *au domicile par elle élu en l'etude de M° Mauvernay, avoué, demeurant à Lyon*, rue Dubois, n° 19, au principal *clerc* de M° Mauvernay,

Pour comparaître au délai fixé par la loi, qui est de huitaine, pour être à l'audience, par devant MM. le président et juges composant le Tribunal civil de première instance de Lyon, au Palais de Justice, les quatre derniers jours non fériés de chaque semaine, à onze heures du matin ;

Aux fins :

Attendu que, par un jugement en date du 4 février 1875, Mme Duchamp, requérante, a été séparée quant aux biens d'avec son mari et que M° Ducruet, notaire à Lyon, a été commis pour procéder à la liquidation de ses reprises ;

Attendu que M° Ducruet a établi cette liquidation dans un procès-verbal en date du 4 mars suivant ;

Attendu que ce procès-verbal a été homologué dans presque toutes ses dispositions par un jugement en date du 13 août 1875, mais que, sur l'appel émis par M. et Mme de Lachesnais, qui étaient intervenus en leur qualité de créanciers de M. Duchamp, le jugement a été réformé sur plusieurs chefs par un arrêt de la Cour d'appel de Lyon en date du 9 décembre 1876, qui a dit que les parties se retireraient de nouveau devant M° Ducruet pour faire la liquidation sur de nouvelles bases ;

Attendu qu'aux termes d'un traité aux minutes de M° Ducruet, en date du 10 août 1877, M. et Mme de Lachesnais ont donné mainlevée du séquestre mis à leur requête sur les biens de M. Duchamp et ont retiré leur intervention dans l'instance en séparation de biens et en liquidation des reprises de Mme Duchamp, consentant à ce que la liquidation fût hors de leur présence, comme s'ils n'étaient pas intervenus ;

Attendu que d'autres créanciers de M. Duchamp qui étaient aussi intervenus dans cette instance ont également retiré leur interven, tion, ainsi que cela résulte d'une déclaration sous seing privé en date du 26 juin 1877, déposée aux minutes de M° Ducruet, notaire le 10 août suivant ;

Attendu qu'aux termes d'un nouveau procès-verbal ouvert le 10 septembre 1877 et clos le 12 suivant, M° Ducruet a ratifié la liquidation des reprises de Mme Duchamp de la manière prescrite par l'arrêt précité ;

Attendu qu'il résulte que, sous déduction du montant de diverses attributions à elles faites, Mme Duchamp reste créancière de son mari d'une somme de soixante-trois mille sept cent quarante-trois francs trente-huit centimes sur le montant de ses reprises ;

Attendu que, pour le payement de cette somme et de celle de trente mille francs dus par M. Duchamp à titre de récompense, le notaire liquidateur dit que Mme Duchamp exercera encore l'action que lui confère l'art. 1472 du Code civil sur les biens personnels de son mari ;

Dont acte.

Notifié et donné cette copie de la part de Me Galliot et Me Mauvernay, avoué à Lyou, en parlant dans son étude à son clerc, par moi, huissier audencier soussigné, à Lyon, le 24 janvier 1878, coût 30 centimes, timbre spécial une feuille 1 fr. 20, dont acte.

COURIOUD.

Cette copie de la part de Me Galliot à Me Mauvernay, avoué, à Lyon, en parlant dans son étude ; moi, huissier audiencier soussigné, à Lyon, le 23 janvier 1878. Timbre spécial, une feuille, 1 fr. 20.

GALLIOT.

ACTE DE PRÉSENTATION.

(11 juillet 1866).

Me Flory, avoué près le tribunal civil de Lyon,

Dit à Me Ruby Louis, avoué près le même tribunal, et celui du sieur Joseph Gobet :

Qu'à toutes fins et exceptions même de nullité et d'incompétence, fin de non recevoir qu'autrement, il se constitue et a charge et pouvoir d'occuper et occupera pour demoiselle Bérer, rentière, demeurant à Lyon, rue de l'Impératrice, 91, sur l'assignation qui lui a été donnée, à la requête dudit sieur Joseph Gobet, par exploit de l'huissier Roux, de Lyon, du dix juillet mil huit cent soixante-dix, sommant le dit Me Ruby Louis d'avoir à procéder désormais contradictoirement avec lui à peine de nullité. Sous toutes réserves, dont acte.

Notifié et donné copie, de la part de Me Flory, à Me Ruby, avoué à Lyon, en parlant dans son étude à son clerc, par moi, huissier audiencer soussigné, à Lyon, le onze juillet mil huit cent soixante-dix. Coût 30 centimes.

FLORY.

Enregistré à Lyon le 13 juillet 1866. Reçu cinquante-huit centimes.

BALEMONT.

www.ingramcontent.com/pod-product-compliance
Ingram Content Group UK Ltd.
Pitfield, Milton Keynes, MK11 3LW, UK
UKHW021112260726
13994UKWH00002B/851